FESTE E DESSERT FESTIVI

Concedetevi le delizie delle occasioni speciali. Ricette irresistibili per incontri memorabili

Carlotta Giuliani

Materiale protetto da copyright ©2023

Tutti i diritti riservati

Nessuna parte di questo libro può essere utilizzata o trasmessa in alcuna forma o con alcun mezzo senza il consenso scritto dell'editore e del proprietario del copyright, ad eccezione delle brevi citazioni utilizzate in una recensione. Questo libro non deve essere considerato un sostituto della consulenza medica, legale o di altro tipo.

SOMMARIO

SOMMARIO 3
INTRODUZIONE 6
DOLCI DELLA FESTA 7
   1. Baci al cuore di caviale 8
   2. Mini Churros al cioccolato e peperoncino 10
   3. Bignè alla crema da cocktail 12
   4. Mini crostate di frutta 14
   5. Mini éclair al cioccolato 16
   6. Mini panini alla cannella 19
   7. Mini danesi alla frutta 21
   8. Mini croissant alle mandorle 23
   9. Coppe di cavolfiore 25
   10. Tazze di maccheroni e formaggio 27
   11. Tazze di quiche bolognese 29
   12. Coppa muffin al prosciutto 31
   13. Tazze di tacos 33
   14. Tazze di prosciutto e formaggio cheddar 35
   15. Mini bocconcini di pancake ripieni di Nutella 37
   16. Mini bocconcini di torta di mele 39
   17. Mini tartufi con gocce di cioccolato 41
   18. Mini barrette al limone 43
   19. Mini spiedini di frutta con salsa allo yogurt 45
   20. Mini panini caprese 47
   21. Mini panini con insalata di pollo 49
   22. Mini panini con tacchino e mirtilli rossi 51
   23. Mini slider per prosciutto e formaggio 53
   24. Tartine con asparagi e feta 55
   25. Tartine di pesce alla griglia 57
   26. Tartine al formaggio chevre 59
   27. Tartine al Rumaki 61
   28. Tartine con mousse di salmone 63
   29. Morsi di burrito 65
   30. Bocconcini di pollo alle noci 67
   31. Bastoncini di pollo alla bufala 69
   32. Muffin di polpettone 71
   33. Bonbon al cocco 73
   34. Bocconcini di avocado e bacon 75
   35. Focaccine di farina di cocco con glassa di zucchero 77
   36. Bocconcini di pizza 80

37. Bocconcini di pancetta e scalogno 82
38. Bocconcini di pollo avvolti nel bacon 84
39. Bocconcini di ostriche e bacon 86
40. Bocconcini di cavolfiore di bufala 88
41. Polpette di bacon e jalapeño 90
42. Biscotti al cocco 92
43. Polpette di prosciutto e avocado 94
44. Palline di bacche di Goji al cocco 96
45. Crispettes 98
46. Mini panini vegetariani 100
47. Palline di pancake all'acero e bacon 102
48. Bocconcini di cipolla brasiliana 104
49. Palline di pizza 106
50. Patatine al burro di cocco 108
51. Polpette di olive e feta 110
52. Polpette di tonno al curry 112
53. Polpette di maiale 114
54. Mucchi di fieno di cocco 116
55. Palline di caramello salato e brie 118
56. Polpette da cocktail party 120
57. Quadrati di mele al cocco 122
58. Palline di formaggio da cocktail 124
59. Girandole al cioccolato e cocco 126
60. Cannoli della Foresta Nera 128
61. Morsi di brownie della Foresta Nera 131
62. Barrette di cracking al cocco 133
63. Ciambelle al forno con cocco tostato 135
64. Palline di beatitudine alla spirulina al cocco 138
DOLCI FESTIVI **140**
65. Ghiaccioli alla vaniglia e cocco 141
66. Ghiaccioli polinesiani 143
67. Bignè alla crema Oreo 145
68. Ghiaccioli al cioccolato 149
69. Ghiaccioli all'anguria 151
70. Gommose gelatinose al cocco 153
71. Ghiaccioli con pastella per torta 155
72. Zuccotto della Foresta Nera 157
73. Striscette di albicocche al cocco 159
74. Boule-de-Neige della Foresta Nera 161
75. Barre della Foresta Nera 164
76. Bignè alla crema della Foresta Nera 166

77. Tartellette di pompelmo e formaggio di capra 169
78. Brûlée al pompelmo 171
79. Mochi al mango 173
80. Biscotti a palla di neve senza cottura 175
81. Budino al cocco fatto in casa 177
82. Creamsicles con panna montata alla pesca 179
83. Tartellette al cocco con marmellata di lamponi 181
84. Torta di amaretti al cocco 183
85. Mini crostate al cocco con cioccolato 185
86. Gioie del cocco 187
87. Amaretti gommosi al cocco 189
88. Uova di Pasqua al cocco e formaggio 191
89. Bellezze di cocco 193
90. Ghiaccioli fondenti congelati 195
91. Brownies al cocco 197
92. Caramelle al cocco 199
93. Ghiaccioli all'arancia e mirtillo rosso 201
94. Ghiaccioli Matcha 203
95. Charlotte al cocco 205
96. Fudge della Foresta Nera 208
97. Nuvole di cocco 210
98. Torte Whoopie al tiramisù 212
99. Muffin Oreo 215
100. Oreo Waffle Pop 217

CONCLUSIONE 219

INTRODUZIONE

Benvenuti nel mondo delle dolci feste! In questo libro di cucina ti invitiamo a immergerti nella gioia e nel piacere di creare prelibatezze e dessert festivi che eleveranno ogni occasione speciale. Dai compleanni e le festività agli anniversari e alle lauree, questo libro è la tua risorsa ideale per creare dolci irresistibili che stupiranno i tuoi ospiti e li lasceranno desiderare di averne di più.

C'è qualcosa di magico nel riunirsi con i propri cari per celebrare le pietre miliari e i momenti speciali della vita. E quale modo migliore per arricchire queste festività se non con una deliziosa gamma di prelibatezze e dessert che aggiungono un tocco di indulgenza all'occasione? Questo libro di cucina è progettato per ispirarti a creare dessert che non siano solo visivamente sbalorditivi ma anche ricchi di sapore ed entusiasmo.

All'interno di queste pagine scoprirai un tesoro di ricette irresistibili che catturano l'essenza delle prelibatezze celebrative. Dalle torte eleganti e dai cupcake stravaganti ai pasticcini delicati e alle confezioni creative, abbiamo curato una collezione che soddisfa ogni gusto e tema di festa. Che tu stia pianificando una stravagante festa di compleanno per bambini, un sofisticato cocktail o un'accogliente riunione natalizia, questo libro di cucina ha la ricetta perfetta per rendere il tuo evento ancora più speciale.

Ma questo libro di cucina è molto più di una semplice raccolta di ricette. Ti guideremo attraverso le tecniche essenziali per decorare, impiattare e presentare le tue prelibatezze e i tuoi dessert festivi, permettendoti di liberare la tua creatività e creare straordinari capolavori commestibili. Condivideremo anche suggerimenti su come pianificare in anticipo, massimizzare l'efficienza in cucina e garantire che i tuoi dessert brillino nel grande giorno. Con la nostra guida, sarai in grado di dare vita alle tue visioni di dessert e creare ricordi indelebili con i tuoi cari.

Quindi, che tu sia un fornaio esperto o un appassionato di dolci alle prime armi, lascia che "Dolci celebrazioni: dolcetti per le feste e dessert festivi" sia la tua guida. Preparati a intraprendere un viaggio culinario pieno di dolcezza e gioia, mentre crei dessert memorabili che saranno il momento clou di ogni celebrazione.

DOLCI DELLA FESTA

1. Baci al cuore di caviale

INGREDIENTI:
- 1 cetriolo, lavato e tagliato
- ⅓ tazza di panna acida
- 1 cucchiaino di aneto essiccato
- Pepe nero appena macinato a piacere
- 1 vasetto di caviale di salmone rosso
- Rametti di aneto fresco
- 8 Fette sottili di pane integrale
- Burro o margarina

ISTRUZIONI:
a) Tagliare il cetriolo a rondelle da ¼ di pollice.
b) In una piccola ciotola, unisci panna acida, aneto essiccato e pepe.
c) Metti un cucchiaino della miscela di panna acida su ogni fetta di cetriolo. Guarnire ciascuno con circa ½ cucchiaino di caviale e un rametto di aneto.
d) Tagliare le fette di pane con un tagliabiscotti a forma di cuore.
e) Pane tostato e burro. Disporre le fette di cetriolo al centro del piatto da portata e circondarlo con i cuori di pane tostato.

2.Mini Churros Al Cioccolato E Peperoncino

INGREDIENTI:
- 1 tazza d'acqua
- ½ tazza di olio di cocco o burro vegano
- 1 tazza di farina
- ¼ cucchiaini di sale
- 3 uova sbattute
- Miscela di zucchero e cannella
- ½ tazza di zucchero1 cucchiaio di cannella

ISTRUZIONI:
a) Preriscaldare il forno a 400. Unire acqua, olio di cocco/burro e sale in una pentola e portare a ebollizione.
b) Sbattere la farina, mescolando velocemente finché il composto non si trasforma in una palla.
c) Incorporate poco alla volta le uova, mescolando continuamente per evitare che si strapazzino.
d) Lasciare raffreddare leggermente l'impasto, quindi trasferirlo nella sac à poche.
e) Convoglia churros lunghi 3 pollici in file sulla teglia unta.
f) Cuocere in forno per 10 minuti a 400 gradi e poi cuocere a fuoco alto per 1-2 minuti fino a quando i churros saranno dorati.
g) Nel frattempo, mescolare la cannella e lo zucchero in un piattino.
h) Una volta sfornati i churros, passateli nel composto di cannella e zucchero fino a ricoprirli completamente. Accantonare.

3.Bignè alla crema da cocktail

INGREDIENTI:
- ½ tazza di burro
- 1 tazza di farina
- 4 uova
- 1 tazza di acqua bollente
- 2 cucchiai di burro
- 1 tazza di noci pecan, tritate
- 1 tazza e ½ di pollo cotto
- ¼ cucchiaino di sale
- 3 once di crema di formaggio
- ¼ tazza di maionese
- ¼ cucchiaino di scorza di limone

ISTRUZIONI:

a) Unisci il burro e l'acqua bollente in una casseruola. Aggiungere la farina e il sale e far bollire per circa 2 minuti o finché non si forma una palla morbida. Aggiungere le uova, una alla volta, sbattendo bene.

b) Versare dei cucchiaini di composto su una teglia unta. Cuocere per 20-22 minuti a 425 gradi. Raffreddare sulla griglia.

c) Sciogliere il burro in una padella; aggiungere le noci pecan e cuocere a fuoco basso fino a doratura. Raffreddare e unire gli ingredienti rimanenti. Utilizzare per farcire i bignè.

d) Tagliate una fetta dalla parte superiore della sfoglia e riempitela con il ripieno di pollo. Sostituisci i piani.

4. Mini crostate di frutta

INGREDIENTI:
- Mini gusci di crostata pronti o tazze di fillo
- Frutta fresca assortita
- 1 tazza di crema pasticcera o crema pasticcera alla vaniglia
- Zucchero a velo per spolverare (facoltativo)
- Foglie di menta fresca per guarnire (facoltativo)

ISTRUZIONI:

a) Preriscaldare il forno alla temperatura specificata sulla confezione della crostata o sulla ricetta.

b) Se si utilizzano tazze di fillo, cuocerle secondo le istruzioni sulla confezione e lasciarle raffreddare.

c) Riempi ogni guscio di crostata o tazza di fillo con un cucchiaio di crema pasticcera alla vaniglia o crema pasticcera.

d) Disporre la frutta fresca sopra la crema, creando uno spettacolo colorato.

e) A piacere spolverizzate con zucchero a velo e guarnite con foglioline di menta fresca.

f) Servi queste deliziose mini crostate alla frutta come dolcetto rinfrescante.

5.Mini Éclair al cioccolato

INGREDIENTI:
- 1 foglio di pasta sfoglia, scongelata
- 1 tazza di latte intero
- 2 cucchiai di burro non salato
- 2 cucchiai di farina per tutti gli usi
- 2 cucchiai di cacao in polvere
- 2 cucchiai di zucchero semolato
- Pizzico di sale
- 2 uova grandi
- 1 tazza di panna
- 2 cucchiai di zucchero a velo
- Ganache al cioccolato o cioccolato fuso per guarnire (facoltativo)

ISTRUZIONI:

a) Preriscaldare il forno a 200°C (400°F).
b) Stendete la pasta sfoglia scongelata e tagliatela in piccoli rettangoli, lunghi circa 3 pollici e larghi 1 pollice.
c) Disporre i rettangoli di pasta su una teglia foderata con carta da forno.
d) In una casseruola, scaldare il latte e il burro a fuoco medio finché il burro non si scioglie e il composto inizia a sobbollire.
e) In una ciotola separata, sbatti insieme la farina, il cacao in polvere, lo zucchero semolato e il sale.
f) Aggiungere gradualmente il composto secco al latte bollente, sbattendo continuamente finché il composto non si addensa e si stacca dalle pareti della padella.
g) Togliete la pentola dal fuoco e lasciatela raffreddare leggermente.
h) Sbattere le uova, una alla volta, assicurandosi che ogni uovo sia completamente incorporato prima di aggiungere il successivo.
i) Trasferite il composto in una sac à poche dotata di bocchetta tonda.
j) Versare il composto sui rettangoli di pasta preparati, formando una linea al centro.
k) Cuocere gli eclair nel forno preriscaldato per 15-20 minuti, o finché non saranno dorati e gonfi.
l) Sfornare e lasciarli raffreddare completamente.
m) In una terrina, montare la panna e lo zucchero a velo fino a formare dei picchi rigidi.
n) Tagliare gli eclairs raffreddati a metà orizzontalmente e versare o versare la panna montata sulle metà inferiori.
o) Riposizionare le metà superiori degli eclair sopra la crema.
p) Opzionale: condire con ganache al cioccolato o cioccolato fuso per una maggiore indulgenza.
q) Servi questi deliziosi mini bignè al cioccolato come un delizioso dolcetto di pasticceria.

6.Mini involtini alla cannella

INGREDIENTI:
- 1 foglio di pasta sfoglia, scongelata
- 2 cucchiai di burro non salato, sciolto
- ¼ tazza di zucchero semolato
- 1 cucchiaio di cannella in polvere
- ¼ di tazza di zucchero a velo (per la glassa)
- 1-2 cucchiai di latte (per la glassa)

ISTRUZIONI:

a) Preriscaldare il forno a 200°C (400°F).

b) Stendete la pasta sfoglia scongelata dandogli una forma rettangolare.

c) Spennellate il burro fuso su tutta la superficie della pasta sfoglia.

d) In una piccola ciotola, mescolare lo zucchero semolato e la cannella in polvere.

e) Cospargere uniformemente il composto di zucchero e cannella sulla pasta sfoglia imburrata.

f) Partendo da un lato lungo, arrotolare la pasta sfoglia formando un tronchetto stretto.

g) Tagliare il tronco in piccoli pezzi, larghi circa 1 pollice.

h) Disporre le fette di rotolo alla cannella su una teglia rivestita con carta da forno.

i) Cuocere nel forno preriscaldato per 12-15 minuti, o fino a quando saranno dorati e gonfi.

j) In una ciotola separata, sbatti insieme lo zucchero a velo e il latte per creare una glassa.

k) Versare la glassa sui panini alla cannella caldi.

l) Servi questi deliziosi mini panini alla cannella come dolcetto di pasticceria dolce e aromatico.

7.Mini danesi alla frutta

INGREDIENTI:
- 1 foglio di pasta sfoglia, scongelata
- ½ tazza di crema di formaggio, ammorbidita
- 2 cucchiai di zucchero semolato
- ½ cucchiaino di estratto di vaniglia
- Frutta fresca assortita (come frutti di bosco, pesche a fette o albicocche)
- 1 uovo sbattuto (per il lavaggio delle uova)
- Zucchero a velo per spolverare (facoltativo)

ISTRUZIONI:
a) Preriscaldare il forno a 200°C (400°F).
b) Stendete la pasta sfoglia scongelata e tagliatela in piccoli quadrati o cerchi, di circa 3 pollici di diametro.
c) Disporre i quadrati o i cerchi di pasta frolla su una teglia foderata con carta da forno.
d) In una ciotola, mescolare il formaggio cremoso ammorbidito, lo zucchero semolato e l'estratto di vaniglia fino ad ottenere un composto omogeneo.
e) Distribuire un cucchiaio del composto di crema di formaggio su ogni quadrato o cerchio di pasta, lasciando un piccolo bordo attorno ai bordi.
f) Disporre la frutta fresca sopra la crema di formaggio, creando uno spettacolo colorato e accattivante.
g) Spennellare i bordi dei pasticcini con l'uovo sbattuto.
h) Cuocere nel forno preriscaldato per 15-18 minuti, o fino a quando la pasta frolla sarà dorata e gonfia.
i) Sfornare e lasciarli raffreddare leggermente.
j) Se lo si desidera, spolverizzare con zucchero a velo.
k) Servi questi mini danish alla frutta come una deliziosa pasticceria fruttata.

8. Mini Croissant alle Mandorle

INGREDIENTI:
- 6 mini croissant
- ½ tazza di pasta di mandorle
- ¼ di tazza di burro non salato, ammorbidito
- ¼ tazza di zucchero a velo
- ½ cucchiaino di estratto di mandorle
- Mandorle a fette per guarnire
- Zucchero a velo per spolverare (facoltativo)

ISTRUZIONI:
a) Preriscaldare il forno a 175°C (350°F).
b) Tagliate i mini croissant a metà nel senso della lunghezza.
c) In una ciotola, mescolare la pasta di mandorle, il burro ammorbidito, lo zucchero a velo e l'estratto di mandorle fino a ottenere un composto ben omogeneo e omogeneo.
d) Distribuire una generosa quantità di composto di pasta di mandorle sulla metà inferiore di ogni croissant.
e) Riposizionare la metà superiore del croissant sopra il ripieno.
f) Cospargere le mandorle a fette sopra ogni croissant.
g) Disporre i cornetti su una teglia foderata con carta da forno.
h) Cuocere nel forno preriscaldato per 10-12 minuti, o fino a quando i croissant saranno dorati e croccanti.
i) Sfornare e lasciarli raffreddare leggermente.
j) Se lo si desidera, spolverizzare con zucchero a velo.
k) Servi questi deliziosi mini croissant alle mandorle come un dolcetto gustoso e ricco di nocciole.

9.Coppe di cavolfiore

INGREDIENTI:
- 1 tazza e ½ di riso al cavolfiore
- ¼ tazza di cipolla tagliata a dadini
- ½ tazza di formaggio pepper jack grattugiato
- ½ cucchiaino di origano secco
- ½ cucchiaino di basilico essiccato
- ½ cucchiaino di sale
- 1 uovo grande, leggermente sbattuto

ISTRUZIONI:
a) Preriscaldare il forno a 350 ° F.
b) Unisci tutti gli ingredienti in una grande ciotola e mescola per incorporarli.
c) Versare il composto nei pozzetti di uno stampo per muffin e compattarlo leggermente.
d) Cuocere per 30 minuti o fino a quando le tazze iniziano a diventare croccanti. Lasciare raffreddare leggermente e togliere dallo stampo.

10. Tazze di Mac e Formaggio

INGREDIENTI:
- 8 once di maccheroni al gomito
- 2 cucchiai di burro salato
- ¼ cucchiaino di paprika (usate la paprika affumicata se ce l'avete)
- 2 cucchiai di farina
- ½ tazza di latte intero
- 8 once di formaggio cheddar piccante grattugiato
- erba cipollina o scalogno tritati per guarnire
- burro per ungere la padella

ISTRUZIONI:
a) Ungere molto bene una teglia antiaderente: mini muffin con burro o antiaderente: spray da cucina. Preriscaldare il forno a 400 gradi F.
b) Portate a bollore a fuoco vivace una pentola con acqua salata, poi cuocete la pasta per 2 minuti in meno di quanto indicato sulla confezione.
c) Sciogliere il burro e aggiungere la paprika. Aggiungere la farina e mescolare il composto per 2 minuti. Mentre sbatti, aggiungi il latte.
d) Togliere la pentola dal fuoco e aggiungere il formaggio e la pasta scolata, mescolando il tutto finché il formaggio e la salsa non saranno ben distribuiti.
e) Porziona il tuo mac e formaggio nelle tazze per muffin, con un cucchiaio o una pallina per biscotti da 3 cucchiai.
f) Cuocere le tazze di maccheroni e formaggio per 15 minuti, finché non diventano gorgoglianti e appiccicose.

11. Tazze di quiche bolognese

INGREDIENTI:
- 12 fette di mortadella
- 2 uova
- ½ tazza di mix di biscotti
- ½ tazza di formaggio piccante grattugiato
- ¼ di tazza di condimento dolce per sottaceti
- 1 tazza di latte

ISTRUZIONI:
a) Disporre le fette di mortadella negli stampini da muffin leggermente unti formando dei pirottini.
b) Mescolare gli ingredienti rimanenti. Versare nei bicchierini da mortadella.
c) Cuocere in forno a (400F) per 20-25 minuti o fino a doratura.

12. Coppa di muffin al prosciutto

INGREDIENTI:
- 1 fetta di prosciutto (circa ½ oncia)
- 1 tuorlo d'uovo medio
- 3 cucchiai di Brie a dadini
- 2 cucchiai di mozzarella a dadini
- 3 cucchiai di parmigiano grattugiato

ISTRUZIONI:

a)   Preriscaldare il forno a 350 ° F. Tirare fuori uno stampo per muffin con circa 2 cavità½"largo e 1½" profondo.

b)   Piegate la fetta di prosciutto a metà in modo che diventi quasi quadrata. Disponetela bene in uno stampo da muffin per foderarla completamente.

c)   Metti il tuorlo d'uovo in una tazza da prosciutto.

d)   Aggiungere delicatamente il formaggio sopra il tuorlo d'uovo senza romperlo.

e)   Cuocere per circa 12 minuti fino a quando il tuorlo sarà cotto e caldo ma ancora liquido.

f)   Lasciare raffreddare 10 minuti prima di togliere dallo stampo per muffin.

13. Tazze di tacos

INGREDIENTI:
- Peperoncino in polvere, cumino, paprika
- Sale, pepe nero
- ¼ cucchiaino di origano secco
- ¼ di cucchiaino di fiocchi di peperoncino tritato
- ¼ cucchiaino di aglio granulato
- ¼ cucchiaino di cipolla granulata
- 1 libbra di carne macinata magra al 75%.
- 8 fette (1 oncia) di formaggio Cheddar piccante
- ½ tazza di salsa senza zuccheri aggiunti
- ¼ tazza di coriandolo tritato
- 3 cucchiai di salsa piccante di Frank

ISTRUZIONI:

a) Preriscaldare il forno a 375 ° F. Foderare una teglia con carta da forno.

b) Unisci le spezie in una piccola ciotola e mescola per amalgamare. Cuocere la carne macinata in una padella media a fuoco medio-alto. Quando la carne è quasi cotta, aggiungere la miscela di spezie e mescolare per ricoprirla completamente. Togliere dal fuoco e mettere da parte.

c) Disporre le fette di formaggio Cheddar su una teglia foderata. Cuocere in forno preriscaldato per 5 minuti o fino a quando inizia a dorare. Lasciare raffreddare per 3 minuti, quindi staccare dalla teglia e trasferire ogni fetta nell'incavo di uno stampo per muffin, formando una tazza. Lasciare raffreddare.

d) Versare quantità uguali di carne in ogni tazza e condire con 1 cucchiaio di salsa. Cospargere il coriandolo e la salsa piccante.

14. Tazze di prosciutto e formaggio cheddar

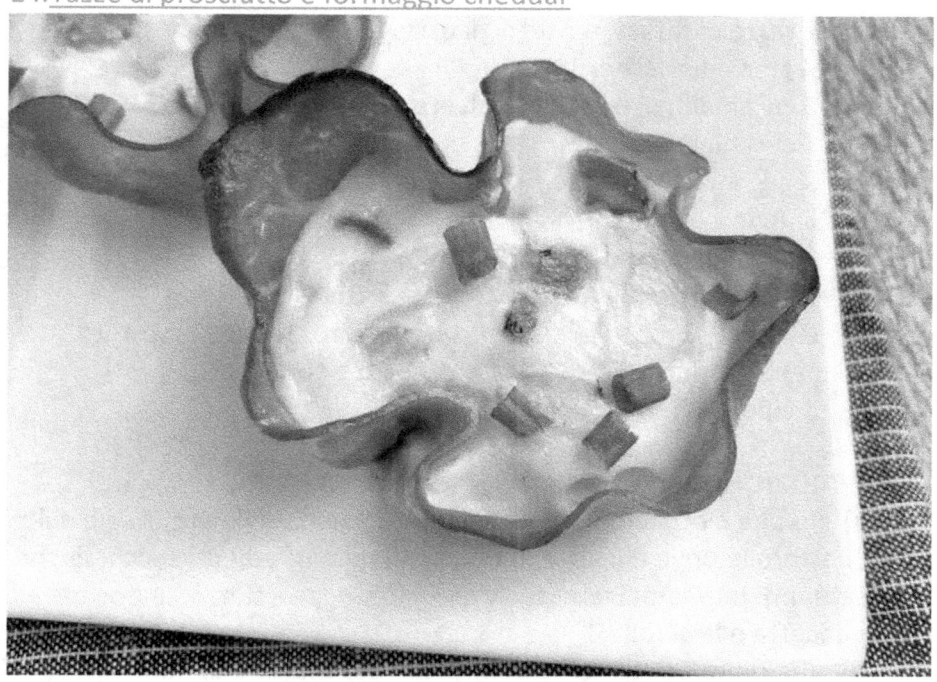

INGREDIENTI:
- 2 tazze di farina per tutti gli usi
- ¼ tazza di zucchero
- 2 cucchiaini di lievito in polvere
- 1 cucchiaino di sale
- ¼ cucchiaino di pepe
- 6 uova
- 1 tazza di latte
- ½ libbra di prosciutto cotto; a cubetti
- ½ libbra di formaggio Cheddar; tagliato a cubetti o tritato
- ½ libbra di pancetta affettata; cotto e sbriciolato
- 1 cipolla piccola; tritato

ISTRUZIONI:
a) In una ciotola unire la farina, lo zucchero, il lievito, il sale e il pepe. Sbattere le uova e il latte; incorporare gli ingredienti secchi finché non saranno ben amalgamati. Mescolare il prosciutto, il formaggio, la pancetta e la cipolla.
b) Riempire per tre quarti i pirottini per muffin ben unti.
c) Cuocere in forno a 350° per 45 minuti. Raffreddare per 10 minuti prima di rimuoverlo su una gratella.

15. Mini bocconcini di pancake ripieni di Nutella

INGREDIENTI:
- Pastella per frittelle
- Nutella o crema spalmabile al cioccolato

ISTRUZIONI:
a) Prepara la pastella per pancake seguendo le istruzioni sulla confezione o la tua ricetta preferita.
b) Scaldare una padella antiaderente o una piastra a fuoco medio.
c) Versare piccole cucchiaiate di pastella sulla padella, circa 2 pollici di diametro.
d) Mettete al centro di ogni pancake un cucchiaino di Nutella o di crema spalmabile al cioccolato.
e) Ricoprire con un po' più di pastella per coprire il ripieno.
f) Cuocere fino a quando i bordi si saranno rassodati e si saranno formate delle bollicine in superficie, quindi girare e cuocere l'altro lato fino a doratura.
g) Servite i mini pancake caldi con una spolverata di zucchero a velo se lo desiderate.

16.Mini bocconcini di torta di mele

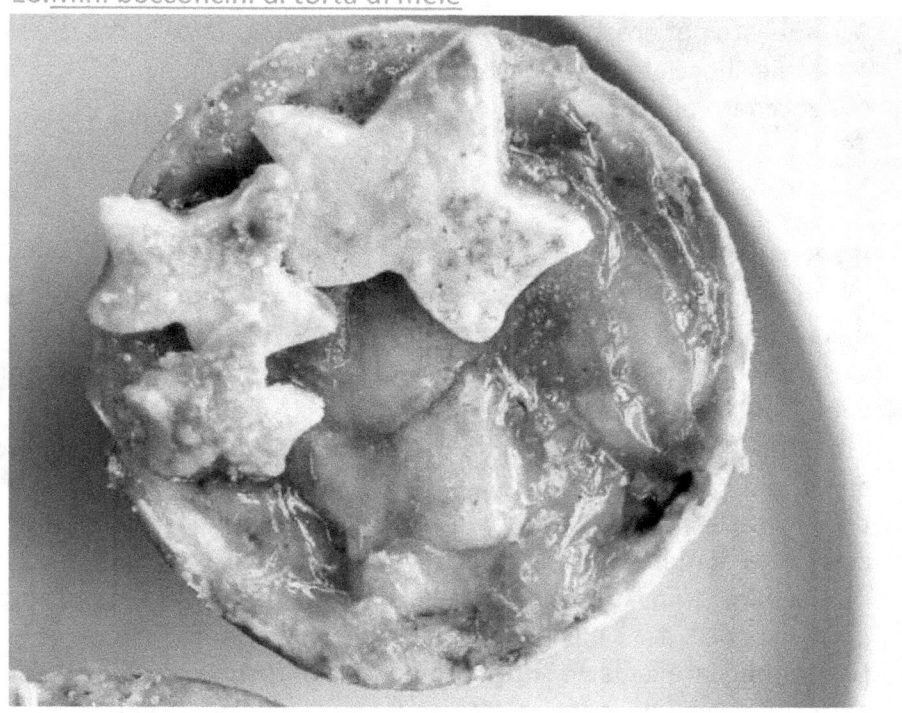

INGREDIENTI:
- Impasto per crostata (acquistato in negozio o fatto in casa)
- Mele sbucciate, senza torsolo e tagliate a dadini
- zucchero di canna
- Cannella
- Burro, sciolto

ISTRUZIONI:

a) Preriscaldare il forno alla temperatura specificata sulla confezione della pasta frolla o sulla ricetta.

b) Stendete la pasta frolla e tagliatela in piccoli cerchi o quadrati, di circa 2 pollici di dimensione.

c) In una ciotola, mescolare le mele tagliate a cubetti, lo zucchero di canna e la cannella a piacere.

d) Mettete al centro di ogni pezzo di pasta un cucchiaino del composto di mele.

e) Piegare l'impasto sul ripieno per creare una mini tasca per torta e piegare i bordi per sigillare.

f) Spennellate la parte superiore delle mini tortine con burro fuso.

g) Metti i mini bocconcini di torta di mele su una teglia e cuocili fino a quando la crosta sarà dorata e il ripieno farà le bolle, seguendo la confezione della crosta della torta o le istruzioni della ricetta.

h) Lasciarli raffreddare leggermente prima di servire.

17. Mini Tartufi Con Gocce Di Cioccolato

INGREDIENTI:
- ½ tazza di burro non salato, ammorbidito
- ¼ tazza di zucchero semolato
- ½ tazza di zucchero di canna confezionato
- 2 cucchiai di latte
- 1 cucchiaino di estratto di vaniglia
- 1 tazza e ¼ di farina per tutti gli usi
- ½ tazza di mini gocce di cioccolato
- 8 once di cioccolato fuso (per il rivestimento)

ISTRUZIONI:
a) In una terrina, unire il burro ammorbidito, lo zucchero semolato e lo zucchero di canna fino a ottenere un composto chiaro e soffice.
b) Aggiungere il latte e l'estratto di vaniglia e mescolare fino ad ottenere un composto ben amalgamato.
c) Aggiungere gradualmente la farina e mescolare fino a formare un impasto morbido per biscotti.
d) Incorporate le mini gocce di cioccolato.
e) Con l'impasto dei biscotti formate delle palline grandi quanto un tartufo e disponetele su una teglia rivestita di carta da forno.
f) Mettete la teglia nel congelatore per circa 30 minuti per far rassodare i tartufi.
g) Immergere ciascun tartufo di pasta biscotto congelato nel cioccolato fuso per ricoprirlo completamente, lasciando sgocciolare l'eventuale eccesso.
h) Rimettete i tartufi ricoperti sulla teglia ricoperta di carta da forno e metteteli in frigorifero finché il cioccolato non si solidifica.
i) Servire i mini tartufi di pasta biscotto con gocce di cioccolato freddi.

18.Mini barrette al limone

INGREDIENTI:
- 1 tazza di farina per tutti gli usi
- ¼ tazza di zucchero a velo
- ½ tazza di burro non salato, ammorbidito
- 2 uova grandi
- 1 tazza di zucchero semolato
- 2 cucchiai di farina per tutti gli usi
- ¼ di cucchiaino di lievito in polvere
- 2 cucchiai di succo di limone
- Scorza di 1 limone
- Zucchero a velo (per spolverare)

ISTRUZIONI:
a) Preriscaldare il forno a 175°C (350°F).
b) In una ciotola, unisci 1 tazza di farina, ¼ di tazza di zucchero a velo e burro ammorbidito fino a renderlo friabile.
c) Premere il composto sul fondo di una teglia da 8x8 pollici unta.
d) Cuocere la crosta per 15-20 minuti o fino a quando sarà leggermente dorata.
e) In un'altra ciotola, sbatti insieme le uova, lo zucchero semolato, 2 cucchiai di farina, il lievito, il succo di limone e la scorza di limone fino a quando non saranno ben amalgamati.
f) Versare il composto di limone sulla crosta cotta.
g) Cuocere per altri 20-25 minuti o fino a quando la parte superiore sarà compattata e leggermente dorata.
h) Lasciare raffreddare completamente le mini barrette di limone, quindi tagliarle a quadretti.
i) Spolverare la superficie con zucchero a velo prima di servire.

19. Mini Spiedini Di Frutta Con Salsa Allo Yogurt

INGREDIENTI:
- Frutta assortita (come fragole, uva, ananas, melone, ecc.), tagliata a pezzetti
- Spiedini di legno
- 1 tazza di yogurt alla vaniglia
- Miele (facoltativo)

ISTRUZIONI:
a) Infilare i pezzi di frutta assortiti negli spiedini di legno, alternando i diversi frutti.
b) Disporre i mini spiedini di frutta su un piatto da portata.
c) In una piccola ciotola, mescola lo yogurt alla vaniglia con un filo di miele (se lo desideri) per aggiungere dolcezza.
d) Servire i mini spiedini di frutta con la salsa allo yogurt a parte.

20.Mini Panini Caprese

INGREDIENTI:
- 12 mini panini scorrevoli o panini per la cena
- 12 fette di mozzarella fresca
- 2 pomodori, a fette
- Foglie di basilico fresco
- Glassa balsamica
- Sale e pepe a piacere

ISTRUZIONI:
a) Tagliare i mini panini o i panini a metà orizzontalmente.
b) Metti una fetta di mozzarella, una fetta di pomodoro e qualche foglia di basilico sulla metà inferiore di ogni panino.
c) Irrorare con glassa balsamica e condire con sale e pepe.
d) Posizionare la metà superiore del panino sui ripieni.
e) Se lo si desidera, fissare i mini panini con degli stuzzicadenti.
f) Servite e gustate questi rinfrescanti panini caprese.

21.Mini panini con insalata di pollo

INGREDIENTI:
- 12 mini croissant o panini piccoli
- 2 tazze di petto di pollo cotto, sminuzzato o tagliato a dadini
- ½ tazza di maionese
- 1 cucchiaio di senape di Digione
- ¼ tazza di sedano, tritato finemente
- 2 cipolle verdi, affettate sottilmente
- Sale e pepe a piacere

ISTRUZIONI:
a) In una ciotola, mescolare il petto di pollo sminuzzato o tagliato a dadini, la maionese, la senape di Digione, il sedano e le cipolle verdi fino a quando saranno ben amalgamati.
b) Condite con sale e pepe a piacere.
c) Tagliate i mini croissant o i panini a metà in senso orizzontale.
d) Versare una generosa quantità di insalata di pollo sulla metà inferiore di ogni croissant o panino.
e) Disporre la metà superiore del croissant oppure arrotolarla sul ripieno.
f) Se lo si desidera, fissare i mini panini con degli stuzzicadenti.
g) Servite e gustate questi gustosi panini con insalata di pollo.

22.Mini panini con tacchino e mirtilli rossi

INGREDIENTI:
- 12 mini panini o panini piccoli
- 12 fette di petto di tacchino
- ½ tazza di salsa di mirtilli rossi
- Una manciata di spinaci novelli o foglie di rucola
- ¼ tazza di crema di formaggio
- Sale e pepe a piacere

ISTRUZIONI:
a) Tagliare i panini o i panini a metà orizzontalmente.
b) Distribuire la crema di formaggio sulla metà inferiore di ogni rotolo.
c) Metti uno strato di petto di tacchino a fette, un cucchiaio di salsa di mirtilli rossi e qualche foglia di spinaci o rucola sopra la crema di formaggio.
d) Condite con sale e pepe a piacere.
e) Disporre la metà superiore del rotolo sul ripieno.
f) Se lo si desidera, fissare i mini panini con degli stuzzicadenti.

23.Mini Slider Prosciutto E Formaggio

INGREDIENTI:
- 12 mini panini scorrevoli o panini per la cena
- 12 fette di prosciutto
- 12 fette di formaggio (come cheddar, svizzero o provolone)
- 2 cucchiai di senape di Digione
- 2 cucchiai di maionese
- 2 cucchiai di burro, fuso
- ½ cucchiaino di aglio in polvere
- ½ cucchiaino di semi di papavero (facoltativo)

ISTRUZIONI:
a) Preriscaldare il forno a 175°C (350°F).
b) Tagliare i panini o i panini a metà orizzontalmente.
c) Distribuire la senape di Digione sulla metà inferiore di ogni panino e la maionese sulla metà superiore.
d) Metti uno strato di prosciutto e formaggio a fette sulla metà inferiore di ogni panino.
e) Posizionare la metà superiore del panino sui ripieni per creare dei panini.
f) Metti i panini in una teglia.
g) In una piccola ciotola, mescolare il burro fuso con l'aglio in polvere. Spennellate il composto sopra i panini.
h) Se lo si desidera, cospargere i semi di papavero sui panini.
i) Coprite la teglia con la pellicola e infornate per 10-15 minuti o fino a quando il formaggio si sarà sciolto e i panini saranno leggermente tostati.
j) Servi questi slider di prosciutto e formaggio caldi e formaggiosi.

24. Tartine con asparagi e feta

INGREDIENTI:
- 20 fette di pane bianco sottile
- 4 once di formaggio blu
- 8 once di crema di formaggio
- 1 uovo
- 20 asparagi in scatola sgocciolati
- ½ tazza di burro fuso

ISTRUZIONI:

a) Eliminate la crosta del pane e appiattitela con il mattarello.
b) Frullare formaggi e uova fino ad ottenere una consistenza lavorabile e distribuirli uniformemente su ogni fetta di pane.
c) Adagiate su ogni fetta un gambo di asparagi e arrotolatela.
d) Immergere nel burro fuso per ricoprire accuratamente.
e) Posizionare su una teglia e congelare.
f) Quando sarà ben congelato, tagliarlo a pezzetti.
g) Posizionare sulla teglia e infornare a 400 F per 20 minuti.

25.Tartine di pesce alla griglia

INGREDIENTI:
- 1 tazza di frutti di mare cotti, in scaglie
- 6 fette Pane bianco
- ¼ tazza di burro
- ¼ tazza di formaggio Cheddar o ⅓ tazza di ketchup o salsa al peperoncino
- Formaggio americano, grattugiato

ISTRUZIONI:

a) Pane tostato da un lato; eliminate la crosta e tagliate il pane a metà.

b) Lati non tostati al burro; coprire con uno strato di frutti di mare, quindi ketchup e guarnire con formaggio. Metti le tartine su una teglia sotto la griglia.

c) Cuocere fino a quando il formaggio sarà sciolto e le tartine saranno ben cotte.

26. Tartine al formaggio chevre

INGREDIENTI:
- 10 piccole patate rosse
- Spray da cucina per verdure
- ¼ cucchiaino di sale
- ¼ tazza di latte scremato
- 6 once Chevre, (formaggio di capra delicato)
- 20 foglie di indivia belga
- 10 Uve rosse senza semi, dimezzate
- 1 cucchiaio di caviale

ISTRUZIONI:

a) Patate a vapore, coperte, per 13 minuti o finché sono teneri; lasciate raffreddare.

b) Ricoprire leggermente le patate con spray da cucina e tagliarle a metà. Tagliare ed eliminare una fetta sottile dal fondo di ciascuna metà di patata in modo che rimangano in piedi.

c) Cospargere le metà delle patate con sale.

d) Unisci il latte e il formaggio in una ciotola; mescolare bene.

e) Versare il composto in una sacca da pasticcere dotata di bocchetta a stella larga; Convogliare il composto sulle metà delle patate e sulle foglie di indivia. Coprire ciascuna foglia di indivia con una metà dell'uva. Coprire e raffreddare, se lo si desidera.

27. Tartine Rumaki

INGREDIENTI:
- ½ tazza di acqua
- 1 cucchiaino di brodo di pollo
- 250 grammi di fegatini di pollo
- 1 cucchiaio di Shoyu
- ½ cucchiaino di cipolla in polvere, senape secca
- ¼ cucchiaino di noce moscata
- ¼ tazza di sherry secco
- 1 pizzico di salsa di peperoni
- 220 grammi di Castagne d'acqua
- 6 Pancetta

ISTRUZIONI:

a) In una casseruola da 1 litro, unisci acqua, brodo e fegati. Cuocere a fuoco alto per 4-5 minuti fino a quando non sarà più rosa. Drenare.

b) Cuocere la pancetta su un tovagliolo di carta a fuoco alto per 5-6 minuti fino a quando diventa croccante. Sbriciolare e mettere da parte.

c) Metti i fegati, lo shoyu, la cipolla e la senape, la noce moscata e lo sherry in un robot da cucina. Frullare fino a che liscio. Aggiungere con parsimonia la salsa di peperoni. Unire le castagne d'acqua e la pancetta.

d) Spalmare uno spesso strato su triangoli di pane tostato o cracker. Preparare in anticipo e riscaldare disponendo su un piatto rivestito di carta. Utilizzare una potenza media per 1-2 minuti fino a quando non sarà completamente riscaldato.

e) Guarnire con una fetta di oliva o pimento.

28. Tartine con mousse di salmone

INGREDIENTI:
- 7½ once di salmone rosso in scatola, sgocciolato
- 2 once di salmone affumicato, tagliato a pezzi da 1 pollice
- ¼ cucchiaino di scorza di limone grattugiata
- 3 cucchiai di maionese senza grassi
- 1 cucchiaio di succo di limone fresco
- ¼ tazza di peperone rosso tritato
- 2 cucchiai di cipolle verdi tritate
- 1 cucchiaio di prezzemolo fresco tritato
- 1 pizzico di pepe appena macinato
- 8 fette di pane di segale tipo Party
- 8 fette di pane di segale tipo Party
- 4 cracker di pane croccante di segale, spezzati a metà
- ½ tazza di germogli di erba medica

ISTRUZIONI:
a) Eliminare la pelle e le ossa dal salmone in scatola; scagliere il salmone con una forchetta.
b) Posizionare la lama del coltello nella ciotola del robot da cucina; aggiungere il salmone, il salmone affumicato e i successivi 3 ingredienti. Procedere fino a che liscio.
c) Versare in una ciotola; aggiungere il peperone e i successivi 3 ingredienti.
d) Coprire e raffreddare.

29. Morsi di burrito

INGREDIENTI:
- 1 lattina di pomodori a cubetti
- 1 tazza di riso istantaneo
- ⅓ tazza di acqua
- 1 peperone verde tagliato a dadini
- 2 cipolle verdi, affettate
- 2 tazze di formaggio cheddar grattugiato, diviso
- 1 lattina di fagioli fritti stile ranch (16 once)
- 10 tortillas di farina (6-7")
- 1 tazza di salsa

ISTRUZIONI:
a) Preriscaldare il forno a 350'F. Spruzzare una teglia da 9x12 pollici con PAM; mettere da parte.
b) In una casseruola media, unire il riso e l'acqua; scaldare a ebollizione.
c) Ridurre il fuoco, coprire e cuocere a fuoco lento per 1 minuto. Togliere dal fuoco e lasciare riposare per 5 minuti o finché tutto il liquido non viene assorbito. Mescolare pepe, cipolle e 1 tazza di formaggio.
d) Distribuire circa 3 cucchiai di fagioli su ogni tortilla fino a ⅛" dal bordo. Stratificare il composto di riso sui fagioli; arrotolare. Posizionare il lato della cucitura rivolto verso il basso nella teglia preparata; coprire con un foglio di alluminio.
e) Cuocere in forno preriscaldato per 25 minuti o fino a quando sarà caldo. Tagliare le tortillas in 4 pezzi e disporle su un piatto. Completare con salsa e formaggio. Completare con salsa e formaggio. Ritornare al forno e cuocere per 5 minuti o finché il formaggio non si scioglie.

30. Bocconcini di pollo alle noci

INGREDIENTI:
- 1 tazza di brodo di pollo
- ½ tazza di burro
- 1 tazza di farina
- 1 cucchiaio di prezzemolo
- 2 cucchiaini di sale aromatizzato
- 2 cucchiaini di salsa Worcestershire
- 34 cucchiaini di semi di sedano
- ½ cucchiaino di paprika
- ⅛ cucchiaino di pepe di Caienna
- 4 uova grandi
- 2 Petti di pollo, bolliti, senza pelle
- ¼ tazza di mandorle tostate

ISTRUZIONI:

a) Preriscaldare il forno a 400 gradi. In una padella pesante, unire il brodo e il burro e portare a ebollizione. Sbattere la farina e il condimento.

b) Cuocere, mescolando velocemente, finché il composto non si stacca dalle pareti della padella e forma una palla liscia e compatta. Togliere dal fuoco. Aggiungete le uova una alla volta, sbattendo bene finché il composto non sarà lucido. Mescolare il pollo e le mandorle.

c) Versare cucchiaini arrotondati su teglie unte. Cuocere per 15 minuti. Congelare dopo la cottura.

31.Bastoncini di pollo alla bufala

INGREDIENTI:
- 2 tazze di farina di mandorle
- 1 cucchiaino di sale
- 1 cucchiaino di pepe nero
- 1 cucchiaino di prezzemolo secco
- 2 uova grandi
- 2 cucchiai di latte di cocco in scatola intero
- 2 libbre di offerte di pollo
- 1 tazza e ½ di salsa di bufalo rovente di Frank

ISTRUZIONI:
a) Preriscaldare il forno a 350 ° F.
b) Unisci la farina di mandorle, il sale, il pepe e il prezzemolo in una ciotola media e metti da parte.
c) Sbattere insieme le uova e il latte di cocco in una ciotola media separata.
d) Immergere ogni tenero di pollo nel composto di uova e poi ricoprirlo completamente con il composto di farina di mandorle. Disporre le offerte ricoperte in un unico strato su una teglia.
e) Cuocere per 30 minuti, girando una volta durante la cottura. Togliere dal forno e lasciare raffreddare per 5 minuti.
f) Metti le offerte di pollo in una ciotola capiente e aggiungi la salsa di bufala. Mescolare per ricoprire completamente.

32.Muffin di polpettone

INGREDIENTI:
- 1 libbra di carne macinata
- 1 tazza di spinaci tritati
- 1 uovo grande, leggermente sbattuto
- ½ tazza di mozzarella grattugiata
- ¼ tazza di parmigiano grattugiato
- ¼ tazza di cipolla gialla tritata
- 2 cucchiai di peperoncino jalapeño senza semi e tritato

ISTRUZIONI:

a)   Preriscaldare il forno a 350 ° F. Ungere leggermente ogni cavità di uno stampo per muffin.

b)   Unisci tutti gli ingredienti in una ciotola capiente e usa le mani per mescolare.

c) Versare una porzione uguale del composto di carne in ogni stampo per muffin e premere leggermente. Cuocere per 45 minuti o fino a quando la temperatura interna raggiunge 165 ° F.

33. Bonbon al cocco

INGREDIENTI:
- 15 once di latte condensato zuccherato
- ½ tazza di burro o margarina
- 2 tazze di zucchero a velo
- 12 once di cocco, grattugiato essiccato
- 24 once di cioccolato semidolce
- 4 cucchiai di accorciamento

ISTRUZIONI:

a) Mescola latte condensato, burro, zucchero e cocco. Coprire con carta oleata e lasciare raffreddare per 24 ore.

b) Sciogliere il cioccolato con il burro. Con il composto di cocco formare delle palline e con una forchetta immergerle nel cioccolato. Lasciare cadere su carta oleata per raffreddare e asciugare.

34. Bocconcini di avocado e bacon

INGREDIENTI:
- 2 avocado grandi, sbucciati e snocciolati
- 8 fette di pancetta senza zuccheri aggiunti
- ½ cucchiaino di sale all'aglio

ISTRUZIONI:

a) Preriscaldare il forno a 425 ° F. Foderare una teglia con carta pergamena.

b) Taglia ogni avocado in 8 fette di uguali dimensioni, per un totale di 16 fette.

c) Tagliare ogni pezzo di pancetta a metà. Avvolgere mezza fetta di pancetta attorno ad ogni pezzo di avocado. Cospargere di sale all'aglio.

d) Metti l'avocado su una teglia e inforna per 15 minuti. Accendere il forno per cuocere alla griglia e continuare a cuocere altri 2-3 minuti fino a quando la pancetta diventa croccante.

35. Focaccine di farina di cocco con glassa di zucchero

INGREDIENTI:
PASTELLA:
- ¾ tazza di farina di cocco
- 6 cucchiai di amido di tapioca
- ½ tazza di zucchero, zucchero di cocco, zucchero d'acero o eritritolo
- 4 cucchiaini di lievito in polvere
- ½ cucchiaino di sale marino
- ½ tazza di burro, freddo
- 3 uova grandi
- ½ tazza di latte di cocco o panna
- 1 cucchiaino di estratto di vaniglia
- 1 tazza di mirtilli freschi
- 1 cucchiaio di burro o olio di cocco per glassare la pastella
- 2 cucchiai di zucchero o eritritolo da spolverare sopra

GLASSATURA:
- ½ tazza di zucchero a velo
- 1 cucchiaio di succo di limone fresco o acquistato in negozio

ISTRUZIONI:
a) In una ciotola capiente mescolare insieme gli ingredienti secchi, farina di cocco, amido di tapioca, zucchero, lievito e sale.

b) Prendete il burro freddo e tagliatelo a cubetti. Aggiungete il burro agli ingredienti secchi e, utilizzando una forchetta o una planetaria, sbriciolate il burro con gli ingredienti secchi. Fate così finché la farina e il burro non sembreranno delle piccole briciole. Ci vorranno almeno 5 minuti.

c) Quindi, metti questa ciotola di burro sbriciolato e farina nel congelatore in modo che non si sciolga mentre lavori ai passaggi successivi.

d) In una ciotola di medie dimensioni, aggiungi le uova e sbatti per mescolare.

e) Aggiungete il latte di cocco e la vaniglia alle uova e sbattete per amalgamare.

f) Versare gli INGREDIENTI bagnati: sopra il burro sbriciolato e con l'aiuto di una spatola mescolare fino ad ottenere un composto omogeneo. La pastella dovrebbe essere abbastanza densa da mantenere la sua forma. Lasciare che la farina di cocco assorba tutto il liquido almeno un minuto. Se la pastella non è abbastanza densa, aggiungere 1 cucchiaio di farina di cocco alla volta fino a raggiungere la densità desiderata.

g) Aggiungete i mirtilli all'impasto e mescolate per amalgamare.

h) Foderare una grande teglia con carta da forno e adagiare l'impasto sulla carta da forno.

i) Usando le mani o una spatola, modella la pastella a forma di cerchio largo 8 pollici e spesso circa 1 pollice.

j) Mettete la teglia con l'impasto nel congelatore a rassodare. Congelare per 30 minuti.

k) Preriscaldare il forno a 400 ° F.

l) Togliere dal congelatore e tagliare in 8 spicchi.

m) Separare gli spicchi in modo che cuociano come fette separate.

n) In una ciotola adatta al microonde, sciogli 1 cucchiaio di burro nel microonde.

o) Spennellate o mettete il burro su ogni spicchio. Cospargere di zucchero.

p) Cuocere per 25 minuti o fino a quando i bordi saranno dorati e le parti superiori saranno sode.

q) Raffreddare gli scones su una griglia.

r) Per preparare la glassa, mettere lo zucchero a velo in una piccola ciotola. Aggiungere il succo di limone e mescolare finché la glassa non sarà tutta amalgamata. Se vuoi che la glassa sia più liquida, aggiungi più succo di limone.

s) Cospargere il succo di limone sugli scones raffreddati e servire.

36. Bocconcini di pizza

INGREDIENTI:
- 24 fette di peperoni senza zucchero
- ½ tazza di salsa marinara
- ½ tazza di mozzarella grattugiata

ISTRUZIONI:
a) Accendi la griglia del forno.
b) Foderare una teglia con carta da forno e disporre le fette di peperoni in un unico strato.
c) Metti 1 cucchiaino di salsa marinara su ogni fetta di peperoni e stendila con un cucchiaio. Aggiungi 1 cucchiaino di mozzarella sopra la marinara.
d) Metti la teglia nel forno e cuoci per 3 minuti o fino a quando il formaggio sarà sciolto e leggermente dorato.
e) Togliere dalla teglia e trasferire su una teglia foderata di carta assorbente per assorbire il grasso in eccesso.

37. Bocconcini di pancetta e scalogno

INGREDIENTI:
- ⅓ tazza di farina di mandorle
- 1 cucchiaio di burro non salato, sciolto
- 1 confezione (8 once) di crema di formaggio, ammorbidita
- 1 cucchiaio di grasso di pancetta
- 1 uovo grande
- 4 fette di bacon senza zuccheri aggiunti, cotte, raffreddate e sbriciolate
- 1 cipolla verde grande, solo la parte superiore, affettata sottilmente
- 1 spicchio d'aglio, tritato
- ⅛ cucchiaino di pepe nero

ISTRUZIONI:
a) Preriscaldare il forno a 180°C.
b) In una piccola ciotola, unisci la farina di mandorle e il burro.
c) Fodera 6 tazze di uno stampo per muffin di dimensioni standard con i pirottini. Allo stesso modo, dividete il composto di farina di mandorle in tazze e premete delicatamente sul fondo con il dorso di un cucchiaino. Cuocere in forno per 10 minuti, poi togliere.
d) Mentre la crosta cuoce, unisci accuratamente la crema di formaggio e il grasso di pancetta in una ciotola media con un mixer manuale. Aggiungere l'uovo e frullare fino ad ottenere un composto omogeneo.
e) Unisci la pancetta, la cipolla, l'aglio e il pepe al composto di crema di formaggio con una spatola.
f) Dividere il composto in tazze, rimettere in forno e cuocere altri 30-35 minuti finché il formaggio non si solidifica. I bordi possono essere leggermente dorati. Per testare la cottura inserite uno stecchino al centro. Se esce pulito la cheesecake è pronta.
g) Lasciare raffreddare per 5 minuti e servire.

38. Bocconcini di pollo avvolti nel bacon

INGREDIENTI:
- ¾ petto di pollo disossato e senza pelle, tagliato a cubetti da 1 pollice
- ½ cucchiaino di sale
- ½ cucchiaino di pepe nero
- 5 fette di pancetta senza zuccheri aggiunti

ISTRUZIONI:
a) Preriscaldare il forno a 375 ° F.
b) Condire il pollo con sale e pepe.
c) Tagliare ogni fetta di pancetta in 3 pezzi e avvolgere ogni pezzo di pollo in un pezzo di pancetta. Fissare con uno stuzzicadenti.
d) Metti il pollo avvolto su una griglia e inforna per 30 minuti, girandolo a metà cottura. Accendere il forno per cuocere alla griglia e cuocere per 3-4 minuti o fino a quando la pancetta diventa croccante.

39. Bocconcini di ostriche e bacon

INGREDIENTI:
- 8 fette di pancetta
- ½ tazza di ripieno aromatizzato alle erbe
- 1 lattina (5 once) di ostriche; tritato
- ¼ tazza di acqua

ISTRUZIONI:
a)   Preriscaldare il forno a 350ø. Tagliare le fette di pancetta a metà e farle cuocere leggermente. NON CUCINARE TROPPO.
b)   La pancetta deve essere abbastanza morbida da poter arrotolare facilmente attorno alle palline. Unisci ripieno, ostriche e acqua.
c)   Formare delle palline della grandezza di circa 16.
d)   Avvolgere le palline nella pancetta. Cuocere a 350° per 25 minuti. Servire caldo.

40.Bocconcini di cavolfiore di bufala

INGREDIENTI:
- 1 tazza di farina di mandorle
- 1 cucchiaino di aglio granulato
- ½ cucchiaino di prezzemolo secco
- ½ cucchiaino di sale
- 1 uovo grande
- 1 cavolfiore a testa grande, tagliato a cimette piccole
- ½ tazza di salsa piccante
- ¼ di tazza di burro chiarificato

ISTRUZIONI:
a) Preriscaldare il forno a 400 ° F. Foderare una teglia con carta da forno.
b) Unisci la farina di mandorle, l'aglio, il prezzemolo e il sale in un grande sacchetto di plastica richiudibile e agita per mescolare.
c) Sbattere l'uovo in una ciotola capiente. Aggiungi il cavolfiore e mescola per ricoprirlo completamente.
d) Trasferisci il cavolfiore in un sacchetto pieno di miscela di farina di mandorle e mescola per ricoprirlo.
e) Disporre il cavolfiore in un unico strato su una teglia e cuocere in forno per 30 minuti o finché non si sarà ammorbidito e leggermente dorato.
f) Mentre il cavolfiore cuoce, unire la salsa piccante e il burro chiarificato in un pentolino a fuoco basso.
g) Quando il cavolfiore è cotto, unisci il cavolfiore con la salsa piccante in una grande ciotola e mescola per ricoprirlo.

41.Palline di jalapeño e bacon

INGREDIENTI:
- 5 fette di pancetta senza zuccheri aggiunti, cotta, con grasso riservato
- ¼ tazza più 2 cucchiai (3 once) di crema di formaggio
- 2 cucchiai di grasso di pancetta riservato
- 1 cucchiaino di peperoncino jalapeño senza semi e tritato finemente
- 1 cucchiaio di coriandolo tritato finemente

ISTRUZIONI:
a) Su un tagliere tritare la pancetta in piccole briciole.
b) In una piccola ciotola, unisci la crema di formaggio, il grasso della pancetta, il jalapeño e il coriandolo; mescolare bene con una forchetta.
c) Formate con il composto 6 palline.
d) Disporre il bacon sbriciolato su un piatto medio e arrotolare le singole palline per ricoprirle uniformemente.
e) Servire immediatamente o conservare in frigorifero per un massimo di 3 giorni.

42. Biscotti al cocco

INGREDIENTI:

- 2¼ tazze di farina
- 1 cucchiaio di lievito in polvere
- ½ cucchiaino di bicarbonato di sodio
- ½ cucchiaino di sale
- 5 cucchiai di burro, tagliato a pezzetti
- 1 tazza di latte di cocco
- 1 tazza di cocco zuccherato, tostato e grattugiato
- ½ tazza di papaia secca, tritata
- 2 cucchiai di burro, sciolto

ISTRUZIONI:

a) Setacciare gli ingredienti secchi. Aggiungere il burro e frullare delicatamente. Aggiungi il latte di cocco e il cocco, rimuovendo 3 cucchiai per guarnire e aggiungi la papaia.

b) Mescolare aggiungendo altro latte se necessario. Impastare leggermente per 30 secondi e arrotolare fino a ¾ di pollice. Con un taglierino, perfora dei tondi da 2 pollici.

c) Disporre su una teglia leggermente imburrata e spennellare la parte superiore dei biscotti con il burro e ricoprire con il cocco messo da parte.

d) Cuocere in forno preriscaldato a 450 gradi per 12-15 minuti.

43.Palline di prosciutto all'avocado

INGREDIENTI:
- ½ tazza di noci di macadamia
- ½ avocado grande sbucciato e snocciolato (circa 4 once di polpa)
- 1 oncia di prosciutto cotto, sbriciolato
- ¼ cucchiaino di pepe nero

ISTRUZIONI:

a) In un piccolo robot da cucina, frullare le noci di macadamia fino a sbriciolarle uniformemente. Dividi a metà.

b) In una piccola ciotola, unisci l'avocado, metà delle noci di macadamia, il prosciutto sbriciolato e il pepe e mescola bene con una forchetta.

c) Formate con il composto 6 palline.

d) Metti le rimanenti noci di macadamia sbriciolate su un piatto medio e fai rotolare le singole palline per ricoprirle uniformemente.

e) Servire immediatamente.

44. Palline di bacche di Goji al cocco

INGREDIENTI:
- 1 tazza di datteri confezionati e snocciolati
- 1 tazza di cocco grattugiato fine o medio non zuccherato
- ½ tazza di anacardi crudi
- ½ tazza di bacche di goji essiccate
- cocco extra per il rivestimento, opzionale

ISTRUZIONI:
a) Mettete i datteri in una ciotola e copriteli con acqua calda. Lasciate macerare per 15 minuti poi scolate bene.
b) Aggiungi il cocco, le bacche di goji e gli anacardi in un robot da cucina e mescola a potenza elevata per circa 30 secondi.
c) Aggiungere i datteri scolati e lavorare fino ad ottenere un impasto friabile.
d) Stendete l'impasto in 15 palline e, se preferite, passatele nel cocco grattugiato. Conservare in frigorifero per un massimo di 7 giorni o nel congelatore per un massimo di 3 mesi.

45. Crispettes

INGREDIENTI:
- 3 albumi d'uovo
- 2 tazze di fiocchi di mais
- ½ tazza di cocco grattugiato
- 1 cucchiaino di vaniglia
- 1 tazza di zucchero

ISTRUZIONI:
a) Sbattere a neve ferma l'albume e aggiungere gli altri ingredienti.
b) Versare a cucchiaiate su una teglia unta.
c) Cuocere in forno moderatamente caldo.
d) Cuocere in forno per 15 minuti a 375 gradi.

46. Mini panini vegetariani

INGREDIENTI:
- 12 mini tasche per pita o piccoli panini
- ½ tazza di hummus
- 12 fette di cetriolo
- 12 fette di pomodoro
- 12 fette di avocado
- Una manciata di lattuga o germogli
- Sale e pepe a piacere

ISTRUZIONI:
a) Tagliare le mini pita o i panini a metà orizzontalmente.
b) Distribuisci l'hummus sulla metà inferiore di ogni tasca o rotolo.
c) Metti a strati le fette di cetriolo, le fette di pomodoro, le fette di avocado e la lattuga o i germogli sopra l'hummus.
d) Condite con sale e pepe a piacere.
e) Posizionare la metà superiore della tasca o arrotolarla sul ripieno.
f) Se lo si desidera, fissare i mini panini con degli stuzzicadenti.
g) Servi e gusta questi gustosi club sandwich vegetariani.

47. Palline di pancake all'acero e bacon

INGREDIENTI:
- 5 fette di pancetta senza zuccheri aggiunti, cotta
- 4 once (½ tazza) di crema di formaggio
- ½ cucchiaino di aroma d'acero
- ¼ cucchiaino di sale
- 3 cucchiai di noci pecan tritate

ISTRUZIONI:
a) Su un tagliere tritare la pancetta in piccole briciole.
b) In una piccola ciotola, unire la crema di formaggio e la pancetta sbriciolata con l'aroma d'acero e il sale; mescolare bene con una forchetta.
c) Formate con il composto 6 palline.
d) Metti le noci pecan tritate su un piatto medio e fai rotolare le singole palline per ricoprirle uniformemente.
e) Servire immediatamente o conservare in frigorifero per un massimo di 3 giorni.

48. Bocconcini di cipolla brasiliana

INGREDIENTI:
- 1 cipolla piccola tagliata longitudinalmente
- 6 cucchiai di maionese
- Sale e pepe
- 6 Fette di pane, croste rimosse
- 3 cucchiai di parmigiano grattugiato

ISTRUZIONI:

a) Preriscaldare il forno a 350. Mescolare la cipolla con 5 cucchiai di maionese e sale e pepe a piacere. Accantonare. Spalmare 3 fette di pane su un lato con la restante maionese. Tagliateli in quarti.

b) Tagliare le restanti 3 fette di pane in quarti e spalmare uniformemente ogni quadrato con il composto di cipolle. Coprire con i quadratini di pane messi da parte, con la maionese rivolta verso l'alto. Disponeteli su una teglia e cospargeteli generosamente con parmigiano.

c) Cuocere fino a quando leggermente dorato e leggermente gonfio, circa 15 minuti. Servire immediatamente.

49.Palline di pizza

INGREDIENTI:
- ¼ tazza (2 once) di mozzarella fresca
- 2 once (¼ di tazza) di crema di formaggio
- 1 cucchiaio di olio d'oliva
- 1 cucchiaino di concentrato di pomodoro
- 6 olive Kalamata grandi, snocciolate
- 12 foglie di basilico fresco

ISTRUZIONI:
a) In un piccolo robot da cucina, lavorare tutti gli ingredienti tranne il basilico fino a formare una crema liscia, circa 30 secondi.
b) Formate con il composto 6 palline aiutandovi con un cucchiaio.
c) Metti 1 foglia di basilico sopra e sotto ogni pallina e fissala con uno stuzzicadenti.
d) Servire immediatamente o conservare in frigorifero per un massimo di 3 giorni.

50. Patatine al burro di cocco

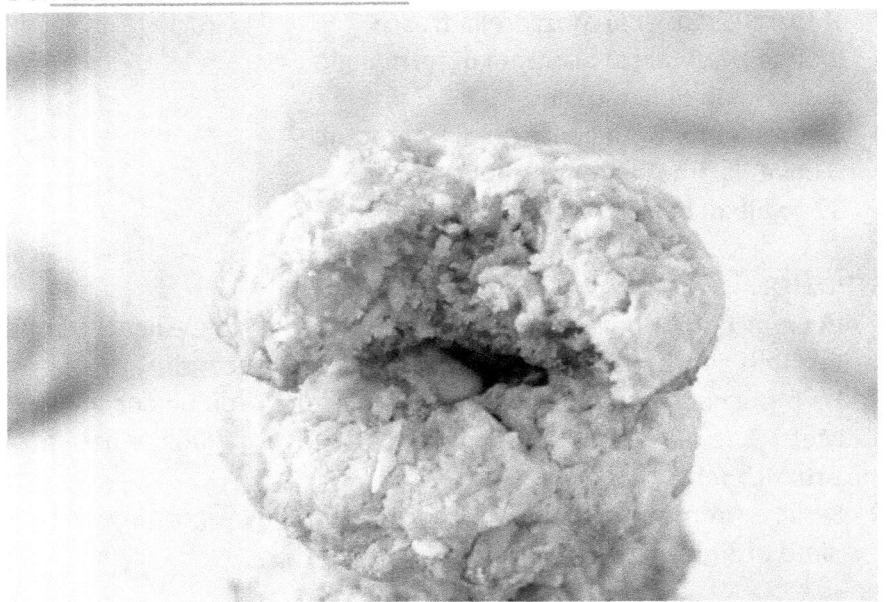

INGREDIENTI:
- 1 tazza e ½ di farina per tutti gli usi
- ½ cucchiaino di bicarbonato di sodio
- ½ tazza di burro o burro
- ½ tazza di zucchero di canna ben confezionato
- 1 confezione di preparato per budino al burro
- 1 uovo
- ½ tazza di cocco in scaglie

ISTRUZIONI:
a) Mescolare la farina con il bicarbonato di sodio. Sbattere il burro e sbattere con lo zucchero e il composto per budino.
b) Aggiungere l'uovo e amalgamare bene. incorporare il composto di farina.
c) Formare delle palline di circa 1 centimetro di diametro. Arrotolare nel cocco.
d) Disporre su teglie non unte e premere con il fondo del bicchiere infarinato.
e) Cuocere in forno a 350 gradi F per 10 minuti.
f) Togliere dai fogli e raffreddare su graticci.

51. Polpette di olive e feta

INGREDIENTI:
- 2 once (¼ di tazza) di crema di formaggio
- ¼ di tazza (2 once) di formaggio feta
- 12 olive Kalamata grandi, snocciolate
- ⅛ cucchiaino di timo fresco tritato finemente
- ⅛ cucchiaino di scorza di limone fresca

ISTRUZIONI:
a) In un piccolo robot da cucina, lavorare tutti gli ingredienti fino a formare un impasto grossolano, circa 30 secondi.
b) Raschiare il composto e trasferirlo in una piccola ciotola, quindi conservare in frigorifero per 2 ore.
c) Formate 6 palline aiutandovi con un cucchiaio.
d) Servire immediatamente o conservare in frigorifero per un massimo di 3 giorni.

52.Polpette di tonno al curry

INGREDIENTI:
- ¼ di tazza più 2 cucchiai (3 once) di tonno sott'olio, sgocciolato
- 2 once (¼ di tazza) di crema di formaggio
- ¼ di cucchiaino di curry in polvere, diviso
- 2 cucchiai di noci di macadamia sbriciolate

ISTRUZIONI:
a) In un piccolo robot da cucina, lavorare il tonno, la crema di formaggio e metà del curry in polvere fino a formare una crema liscia, per circa 30 secondi.
b) Formate con il composto 6 palline.
c) Metti le noci di macadamia sbriciolate e il curry in polvere rimanente su un piatto medio e fai rotolare le singole palline per ricoprirle uniformemente.

53.Polpette di maiale

INGREDIENTI:
- 8 fette di pancetta senza zuccheri aggiunti
- 8 once di Braunschweiger a temperatura ambiente
- ¼ tazza di pistacchi tritati
- 6 once (¾ tazza) di crema di formaggio, ammorbidito a temperatura ambiente
- 1 cucchiaino di senape di Digione

ISTRUZIONI:
a) Cuocere la pancetta in una padella media a fuoco medio fino a renderla croccante, 5 minuti per lato. Scolare su carta assorbente e lasciare raffreddare. Una volta raffreddato, sbriciolarlo in pezzetti di pancetta.
b) Metti il Braunschweiger con i pistacchi in un piccolo robot da cucina e frulla fino a quando non saranno ben amalgamati.
c) In una piccola ciotola, usa un frullatore a immersione per montare la crema di formaggio e la senape di Digione fino a ottenere un composto omogeneo e soffice.
d) Dividere il composto di carne in 12 porzioni uguali. Formate delle palline e ricopritele con uno strato sottile di composto di crema di formaggio.
e) Raffreddare per almeno 1 ora. Quando sei pronto per servire, metti i pezzetti di pancetta su un piatto medio, fai rotolare le palline per ricoprirle uniformemente e divertiti.

54. Mucchi di fieno di cocco

INGREDIENTI:
- 2¼ tazza di cocco zuccherato in scaglie
- 8 once di cioccolato agrodolce, tritato finemente

ISTRUZIONI:

a) Preriscalda il forno a 350 gradi F. Metti il cocco in un unico strato su una teglia.

b) Tostare fino a doratura, circa 10 minuti. I bordi si tostano più velocemente della metà, quindi mescola il cocco ogni paio di minuti per ottenere una colorazione uniforme.

c) Sciogliere il cioccolato a bagnomaria sull'acqua calda, facendo attenzione che il fondo della ciotola non tocchi l'acqua.

d) Togliere il cioccolato dal fuoco e frullare fino a ottenere un composto omogeneo. Incorporare il cocco.

e) Usando circa 1 cucchiaio per pagliaio, forma la miscela in pile alte 1½ pollice.

f) Metterli su una teglia da forno. Conservare in frigorifero fino al set, circa 30 minuti.

55. Palline di caramello salato e brie

INGREDIENTI:

- ½ tazza (4 once) di Brie tritato grossolanamente
- ¼ di tazza di noci di macadamia salate
- ½ cucchiaino di aroma al caramello

ISTRUZIONI:

a) In un piccolo robot da cucina, lavorare tutti gli ingredienti fino a formare un impasto grossolano, circa 30 secondi.

b) Formate con il composto 6 palline aiutandovi con un cucchiaio.

c) Servire immediatamente o conservare in frigorifero per un massimo di 3 giorni.

56.Polpette da cocktail party

INGREDIENTI:
- ¼ tazza di ricotta senza grassi
- 2 albumi d'uovo
- 2 cucchiaini di salsa Worcestershire
- ½ tazza più 2 cucchiai di pangrattato semplice
- 8 once di petto di tacchino macinato
- 6 once di salsiccia di tacchino; rimossi dagli involucri
- 2 cucchiai di cipolle tritate
- 2 cucchiai di peperoni verdi tritati
- ½ tazza di prezzemolo fresco e foglie di sedano tritate

ISTRUZIONI:

a) Spruzzare una teglia con spray antiaderente e mettere da parte.

b) In una grande ciotola, mescolare insieme la ricotta, gli albumi, la salsa Worcestershire e ½ tazza di pangrattato. Incorporare il petto di tacchino, la salsiccia di tacchino, le cipolle e i peperoni verdi.

c) Con il composto di pollame formate 32 polpette. Su un foglio di carta forno unire il prezzemolo, le foglie di sedano e i restanti 2 cucchiai di pangrattato. Arrotolare le polpette nel composto di prezzemolo fino a ricoprirle uniformemente.

d) Trasferisci le polpette sulla teglia preparata. Cuocere a 3-4 pollici dal fuoco per 10-12 minuti.

57. Quadrati di mele al cocco

INGREDIENTI:
- ½ tazza di burro
- ½ tazza di zucchero di canna
- 1 cucchiaino di vaniglia
- 1 tazza e ½ di farina setacciata
- ¼ cucchiaino di sale
- 1⅓ tazza di cocco in scaglie
- 21 once di ripieno di torta di mele
- 1 cucchiaio di succo di limone
- ½ cucchiaino di cannella
- ¼ cucchiaino di macis

ISTRUZIONI:

a) Sbattere il burro ammorbidito, lo zucchero e la vaniglia. Setacciare insieme la farina e il sale e incorporarli al composto cremoso.

b) Aggiungere il cocco e mescolare bene.

c) Metti / picchietta metà in una padella unta 8 x 8 x 2. Unisci gli ingredienti rimanenti e aggiungi il cocco in padella.

d) Coprire con la rimanente miscela di cocco e tamponare leggermente.

e) Cuocere in forno a 375 gradi per 20-25 minuti. Servire caldo con gelato.

58.Palline di formaggio da cocktail

INGREDIENTI:
- 8 once di formaggio, ammorbidito
- ¼ di tazza di yogurt bianco magro
- 4 once di formaggio cheddar grattugiato
- 4 once di formaggio svizzero a basso contenuto di grassi grattugiato
- 2 cucchiaini di cipolla grattugiata
- 2 cucchiaini di rafano preparato
- 1 cucchiaino di senape di Digione rustica
- ¼ tazza di prezzemolo fresco tritato

ISTRUZIONI:
a) Unisci formaggio e yogurt in una grande ciotola; sbattere a media velocità di un mixer elettrico fino a che liscio.
b) Aggiungi il formaggio cheddar e i successivi 4 ingredienti; mescolare bene. Coprire e raffreddare per almeno 1 ora.
c) Formate una palla con il composto di formaggio e cospargetela di prezzemolo. Premere delicatamente il prezzemolo nella pallina di formaggio.
d) Avvolgi la pallina di formaggio nella pellicola trasparente e lasciala raffreddare.
e) Servire con cracker non salati assortiti.

59. Girandole al cioccolato e cocco

INGREDIENTI:
- 1 Burro in stick, ammorbidito
- 1 tazza di zucchero
- 1 uovo
- 1 cucchiaino di estratto di vaniglia
- 2 tazze di farina per dolci
- ½ cucchiaino di bicarbonato di sodio
- ½ cucchiaino di sale
- 2 once di quadrati di cioccolato da forno non zuccherato, sciolti
- ¾ tazza di scaglie di cocco

ISTRUZIONI:

a) In una ciotola media, sbattere il burro e lo zucchero con un mixer elettrico a velocità media fino a ottenere un composto chiaro e soffice.

b) Sbattere l'uovo e la vaniglia. Aggiungere la farina per dolci mescolata con bicarbonato di sodio e sale e sbattere fino a quando non sarà ben amalgamata.

c) Dividere l'impasto a metà tra 2 ciotole.

d) Mescolare il cioccolato fuso nell'impasto in una ciotola e mescolare il cocco nell'impasto nell'altra ciotola.

e) Coprire ogni ciotola con pellicola trasparente e conservare in frigorifero per almeno 1 ora o fino a quando non sarà solido.

f) Raccogli l'impasto di cioccolato in una palla, posizionalo tra pezzi di carta oleata e stendilo in un rettangolo di 8 x 12 pollici. Ripeti con l'impasto al cocco.

g) Posiziona un rettangolo sopra l'altro e arrotolalo da un lato lungo in un rotolo da 12 pollici.

h) Avvolgere nella carta oleata e conservare in frigorifero per circa 30 minuti o finché non diventa solido.

i) Preriscaldare il forno a 350 gradi. Usando un coltello affilato, tagliare l'impasto in fette di ¼ di pollice. Posizionare a circa 3 pollici di distanza su teglie non unte.

j) Cuocere per 8-10 minuti, fino a leggera doratura. Lasciare raffreddare i biscotti per 2 minuti, quindi rimuoverli su una griglia e lasciarli raffreddare completamente.

60. Cannoli della Foresta Nera

INGREDIENTI:
PER I CANNOLI
- 2 albumi grandi
- ⅓ tazza di zucchero
- 1 cucchiaio di olio di canola
- 1 cucchiaio di burro, fuso
- 2 cucchiaini di estratto puro di vaniglia
- 1 cucchiaio di cacao in polvere
- ⅓ tazza di farina per tutti gli usi

PER LE CILIEGIE TOSTATE
- 2 tazze di ciliegie fresche, snocciolate
- ⅓ tazza di zucchero
- 2 cucchiaini di amido di mais

PER LA PANNA
- 1 tazza di panna da montare pesante e fredda
- 1 cucchiaio di kirsch
- 1 tazza di zucchero a velo

ISTRUZIONI:
a) Preriscaldare il forno a 375.
b) Ungere leggermente due teglie con spray da forno; accantonare.
c) In una ciotola di medie dimensioni sbatti insieme gli albumi, lo zucchero, l'olio di canola, il burro fuso e la vaniglia. Sbattere fino a quando non sarà completamente combinato.
d) Aggiungere il cacao in polvere e la farina; continuare a frullare fino ad ottenere un composto liscio e senza grumi.
e) Versare 4 cumuli di pastella su ogni teglia, utilizzando 3 cucchiaini di pastella per ciascuno, distanziando i biscotti di 3 pollici l'uno dall'altro.
f) Con il dorso del cucchiaio, distribuisci ogni biscotto a un diametro di circa 4 pollici.
g) Cuocere per 6-7 minuti o fino a quando i bordi iniziano a dorarsi.

h) Utilizzando una spatola offset, staccare i biscotti dalla teglia e modellarli a forma di tubo. Puoi usare un utensile rotondo di metallo e avvolgervi i biscotti.
i) Metti i biscotti con la cucitura rivolta verso il basso e lasciali raffreddare.
j) Nel frattempo preparate le ciliegie.
k) Preriscaldare il forno a 400.
l) Unisci le ciliegie, lo zucchero e l'amido di mais in una ciotola e mescola per mescolare.
m) Trasferire su una teglia/pirofila.
n) Arrostire per 40-45 minuti o fino a quando i succhi diventano frizzante, mescolando ogni 15 minuti.
o) Lasciare raffreddare completamente e riporre in frigo fino al momento dell'utilizzo.
p) Preparare la panna montata.
q) Unisci la panna montata fredda, il Kirsch e lo zucchero a velo nella ciotola del mixer.
r) Sbattere il composto fino a formare picchi rigidi; raffreddare fino al momento dell'uso.
s) Assemblare i biscotti
t) Dividete equamente le ciliegie tostate e inseritele nel guscio di ogni cannolo.
u) Versare la panna montata preparata in una sac à poche dotata di bocchetta a stella e versare il ripieno nei gusci dei cannoli.
v) Servire.

61. Bocconcini di brownie della Foresta Nera

INGREDIENTI:
- ½ tazza di burro non salato
- 3 once di cioccolato semidolce, tritato
- 1 tazza di zucchero semolato
- ¼ di tazza di cacao in polvere
- 2 uova
- 1 cucchiaino di estratto di vaniglia
- ½ tazza di farina per tutti gli usi
- ½ cucchiaino di sale
- ¾ tazza di ripieno di torta di ciliegie
- ⅓ tazza di panna da montare al 35%.
- 2 cucchiai di zucchero a velo

ISTRUZIONI:
a) Preriscaldare il forno a 180°C (350°F).
b) Ungere una teglia da muffin da 24 mini e spolverizzare con cacao in polvere; accantonare.
c) Sciogliere il burro e il cioccolato in una ciotola resistente al calore posta sopra l'acqua appena bollente, mescolando di tanto in tanto. Togliere dal fuoco. Mescolare lo zucchero e il cacao in polvere. Raffreddare leggermente.
d) Incorporate le uova al composto di cioccolato, una alla volta, finché non saranno ben amalgamate. Mescolare la vaniglia. In una ciotola separata, sbatti la farina e il sale fino a quando non saranno combinati. Incorporare al composto di cioccolato.
e) Versare uniformemente nella padella preparata. Cuocere per 18-20 minuti o fino a quando solo poche briciole umide si attaccano a uno stuzzicadenti quando viene inserito al centro del brownie.
f) Lasciare raffreddare completamente nella padella. Togliere dalla padella. Al momento di servire, montare la panna e lo zucchero a velo con le fruste elettriche fino a quando non saranno a neve ferma. Ricoprire ciascuno uniformemente con la panna montata e il restante ripieno di torta di ciliegie. Servire immediatamente.

62. Barrette di crack al cocco

INGREDIENTI:
- 3 tazze di scaglie di cocco grattugiate non zuccherate
- 1 tazza di olio di cocco, sciolto
- ¼ di tazza di sciroppo d'acero zuccherato al frutto del monaco. Può sostituire qualsiasi dolcificante liquido a scelta

ISTRUZIONI:

a) Fodera una padella da 8 x 8 pollici o una padella da 8 x 10 pollici con carta pergamena e mettila da parte. In alternativa potete utilizzare una teglia.

b) In una grande ciotola, aggiungi il cocco grattugiato non zuccherato. Aggiungi l'olio di cocco fuso e lo sciroppo d'acero zuccherato con i frutti di monaco e mescola fino a ottenere una pastella densa. Se dovesse risultare troppo friabile aggiungete un po' di sciroppo extra o un po' d'acqua.

c) Versare il composto delle barrette di cracker al cocco nella padella foderata. Bagnare leggermente le mani e premerle saldamente in posizione. Conservare in frigorifero o congelare fino a quando non diventa solido. Tagliare in barrette e buon appetito!

63. Ciambelle al forno al cocco tostato

INGREDIENTI:
- ¼ di tazza di burro non salato ammorbidito
- ¼ di tazza di olio vegetale
- ½ tazza di zucchero semolato
- ⅓ tazza di zucchero di canna
- 2 uova grandi
- 1½ cucchiaino di lievito in polvere
- ¼ cucchiaino di bicarbonato di sodio
- ½ cucchiaino di noce moscata
- ½ cucchiaino di sale
- 1 cucchiaino e mezzo di estratto di vaniglia
- 2⅔ tazze di farina per tutti gli usi
- 1 tazza di latticello

SMALTO
- 1 tazza di zucchero a velo
- 1 cucchiaio di sciroppo di mais leggero
- 1 cucchiaio di burro fuso
- 2 cucchiai di latte
- ½ cucchiaino di estratto di vaniglia
- ⅛ cucchiaino di sale

COCCO TOSTATO
- 1 tazza di cocco grattugiato zuccherato o cocco tostato

ISTRUZIONI:
a) Preriscaldare il forno a 425 °. Ungere la padella per ciambelle o spruzzare la padella con spray da cucina antiaderente.
b) In una ciotola capiente, mescolare burro, olio e zucchero fino ad ottenere un composto omogeneo.
c) Sbattere le uova una alla volta fino ad amalgamarle.
d) Aggiungi il lievito, il bicarbonato di sodio, la noce moscata e la vaniglia al composto. Mescolare fino a quando combinato.
e) Incorporate la farina alternativamente al latticello, iniziando e finendo con la farina. Mescolare solo quanto basta per unire.
f) Usando un cucchiaio, riempire i pozzetti della ciambella per ¾ con la pastella, l'impasto è leggermente duro. Usa uno

stuzzicadenti per distribuire l'impasto sui bordi dei singoli pozzetti delle ciambelle.

g) Cuocere sulla griglia centrale del forno preriscaldato per 10 minuti. Le ciambelle sono pronte quando ritornano indietro quando vengono leggermente premute. Le ciambelle risulteranno chiare e non scuriranno con la cottura, questo è normale.

h) Togliere la teglia dal forno e lasciare raffreddare leggermente le ciambelle prima di capovolgere la teglia per rimuoverle.

i) Prepara la glassa unendo lo zucchero a velo, lo sciroppo di mais, il burro fuso, il latte, la vaniglia e il sale in una piccola ciotola. Mescolare accuratamente. Se la glassa è troppo densa, aggiungere altro latte 1 cucchiaino alla volta fino alla consistenza desiderata.

j) Aggiungi il cocco in una padella capiente a fuoco medio-basso. Cuocere, mescolando continuamente, fino a quando i fiocchi saranno quasi dorati. Togliere dal fuoco e trasferire il cocco tostato in un piatto a raffreddare.

k) Immergere le ciambelle leggermente calde nella glassa e poi nel cocco tostato. Premere sul cocco per favorire l'adesione della glassa.

l) Disporre le ciambelle su una gratella per far solidificare la glassa prima di servire.

64. Palline Bliss di Spirulina al cocco

INGREDIENTI:
- ¾ tazza di cocco essiccato
- ⅓ tazza di farina di cocco
- ⅓ tazza di datteri snocciolati, ammollati
- 2 cucchiaini di polvere di Spirulina blu
- 3 cucchiai di burro di cocco
- 3 cucchiai di sciroppo d'acero
- 1-2 cucchiai di olio di cocco
- Pizzico di sale

ISTRUZIONI:
a) Aggiungi tutti gli ingredienti in un robot da cucina e frulla finché non si uniscono.
b) Con il composto formate delle palline e disponetele su una placca o su una teglia rivestita di carta forno.
c) Se lo si desidera, rotolare le palline in più cocco.
d) Congelare le barrette per almeno 1-2 ore finché non si solidificano.

DOLCI FESTIVI

65.Ghiaccioli alla vaniglia e cocco

INGREDIENTI:
- 2 tazze di crema di cocco non zuccherata, refrigerata
- 1/4 tazza di cocco grattugiato non zuccherato
- 1 cucchiaino di estratto di vaniglia
- 1/4 tazza di eritritolo o Swerve granulare

ISTRUZIONI:
a) Metti tutti gli ingredienti in un frullatore e frulla fino a quando non saranno completamente amalgamati, circa 30 secondi.
b) Versare il composto in 8 stampini per ghiaccioli, picchiettando gli stampini per rimuovere le bolle d'aria.
c) Congelare almeno 8 ore o durante la notte.
d) Rimuovere i ghiaccioli dagli stampini. Se i ghiaccioli sono difficili da rimuovere, metti brevemente gli stampini sotto l'acqua calda e i ghiaccioli si staccheranno.

66.Ghiaccioli polinesiani

INGREDIENTI:
- 1 tazza di latte scremato
- 1 busta di gelatina non aromatizzata
- ½ tazza di miele o zucchero
- 1 albume d'uovo
- 1¼ tazza di nettare di albicocca o succo di ananas in scatola
- bastoncini e bicchieri per ghiaccioli

ISTRUZIONI:

a) Versare il latte nel frullatore e aggiungere la gelatina. Lasciare ammorbidire per un minuto prima di aggiungere il resto degli ingredienti da montare.

b) Versare negli stampini, inserire gli stecchi e congelare.

67. Bignè alla crema Oreo

INGREDIENTI:
TOPING AL CIOCCOLATO CRAQUELIN
- ½ tazza di zucchero di canna scuro
- 7 cucchiai di burro non salato, ammorbidito
- 14 cucchiai di farina multiuso
- 2 cucchiai di cacao in polvere lavorato olandese, setacciato

BIGNÈ
- ½ tazza di latte intero
- ½ tazza di acqua
- ½ tazza di burro non salato, tagliato a cubetti, a temperatura ambiente
- 1 cucchiaio di zucchero bianco
- 1 cucchiaino di sale
- 1 tazza di farina multiuso
- 4 uova

RIPIENO DELLA CHEESECAKE OREO
- 40 Oreo
- 24 once di mascarpone
- 2 tazze di crema pesante, refrigerata
- 2 cucchiaini di vaniglia
- 1 tazza e ½ di zucchero a velo

ISTRUZIONI:
TOPING AL CRAQUELIN
a) Aggiungete tutti gli ingredienti in una ciotola e poi schiacciateli con una spatola fino a formare un impasto.
b) Posizionare l'impasto tra 2 pezzi di carta da forno, quindi stendere l'impasto e puntare ad ottenere una forma rettangolare relativamente uniforme.
c) Riponete in freezer per almeno 30 minuti, mentre preparate i choux.

PREPARAZIONE DEI CHOUX
d) Preriscaldare il forno a 475 ° F. Preparate 2 teglie rivestendole con carta da forno.
e) Preparate anche una sac à poche aggiungendo una bocchetta liscia da ½".
f) In una casseruola media a fuoco medio, aggiungere il latte, l'acqua, il burro, 1 cucchiaio di zucchero e il sale e portare a ebollizione, mescolando di tanto in tanto.
g) Aggiungi la farina nella pentola, tutta in una volta, e inizia a mescolare molto velocemente.
h) Continuare la cottura, mescolando energicamente, finché non inizierà a formarsi una pellicola secca sul fondo e sulle pareti della pentola. Togliere dal fuoco.
i) Mettere l'impasto in una planetaria, dotata di attacco a paletta, e sbattere per circa 30 secondi o un minuto, per raffreddare l'impasto.
j) Aggiungere un uovo e sbattere fino a completo assorbimento.
k) Continua ad aggiungere le uova una alla volta, assicurandoti che ciascuna sia completamente incorporata prima di aggiungere la successiva, raschiando di tanto in tanto i lati della ciotola.
l) Dopo il 4° uovo, rimuovi la paletta dal meccanismo e immergila in profondità nella pastella.

COTTURA AL FORNO
m) Aggiungere l'impasto nella sac-à-poche e versarlo direttamente sulle teglie rivestite di carta da forno.
n) Dalla copertura fredda del craquelin ricavare 18 dischi, circa dello stesso diametro dei bignè con bordino.
o) Posizionare ogni giro su un bignè con bordino, premendolo leggermente per fissarlo.

p) Mettere nel forno a 475 ° F, per 1 minuto esatto, quindi spegnere immediatamente il forno. Dopo 9 minuti, riaccendere il forno a 180°C e cuocere per altri 10 minuti.

q) Girare le teglie e cuocere per altri 10 minuti, o fino a quando i bignè saranno gonfi.

r) Lasciare raffreddare i bignè per 30-45 minuti nel forno fessurato.

RIEMPIMENTO OREO

s) In una ciotola capiente, mescolare il ripieno degli Oreo e il mascarpone fino a quando non saranno ben amalgamati.

t) Frullare la panna, lo zucchero a velo e la vaniglia fino a formare dei picchi rigidi.

u) Aggiungete il composto di mascarpone alla panna montata e mescolate fino ad ottenere un composto ben amalgamato.

v) Quindi incorporare gli Oreo tritati finemente.

w) Tagliare la parte superiore di ogni bignè. Utilizzando un cucchiaio o una sac à poche dotata di bocchetta a stella larga, riempire ogni bignè con il ripieno.

x) Riposizionate quindi la parte superiore e gustatela subito oppure conservatela in frigorifero fino al momento di servire.

68. Pop al cioccolato

INGREDIENTI:
- 1 contenitore (8 once) di yogurt bianco
- 2 cucchiai di cacao o carruba in polvere
- 2 cucchiai di zucchero di canna o miele
- bastoncini e bicchieri per ghiaccioli

ISTRUZIONI:

a) Frullare nel frullatore, versare negli stampini, inserire i bastoncini di ghiacciolo e congelare.

69.Ghiaccioli all'anguria

INGREDIENTI:
- 1 tazza di pezzi di anguria senza semi
- 1 tazza di succo d'arancia
- 1 tazza di ghiacciolo d'acqua
- bastoncini e tazze

ISTRUZIONI:
a) Frullare questi ingredienti nel frullatore, versare negli stampini, inserire i bastoncini e congelare.
b) Servire

70. Gommose con gelatina al cocco

INGREDIENTI:
- Scatola da 3 once di gelatina
- ¼ di tazza d'acqua
- ¼ di tazza di olio di cocco
- 1 bustina di aroma acqua
- 1 confezione + 1 cucchiaino di gelatina insapore

ISTRUZIONI:

a) In una casseruola media mescolare tutti gli ingredienti fino a ottenere un composto denso e mescolato abbastanza bene.

b) Versare negli stampini. Mettere nel congelatore per impostare.

c) Togliere dagli stampini e far asciugare all'aria in frigorifero per 24 ore, girandoli ciascunogommoso a metà.

d) Da tenere in frigorifero.

71.Ghiaccioli con pastella per torta

INGREDIENTI:
- 1 tazza e ½ di latte intero
- ½ tazza di panna
- ½ tazza di preparato per torta (gusto a vostra scelta)
- ¼ tazza di zucchero semolato
- 1 cucchiaino di estratto di vaniglia
- Confettini colorati

ISTRUZIONI:
a) In un frullatore, unisci il latte intero, la panna, il preparato per torte, lo zucchero semolato e l'estratto di vaniglia. Frullare fino a quando tutti gli ingredienti saranno ben amalgamati e il composto risulterà liscio.
b) Incorporate una manciata di confettini colorati al composto per aggiungere un tocco divertente e festoso.
c) Versare il composto della torta negli stampini per ghiaccioli, lasciando un po' di spazio in alto per l'espansione.
d) Inserite i bastoncini dei ghiaccioli negli stampini, assicurandovi che siano ben saldi nel composto.
e) Mettete gli stampini per ghiaccioli nel congelatore e lasciateli congelare per almeno 4 ore, o fino a completo congelamento.
f) Una volta che i ghiaccioli saranno congelati, toglieteli dagli stampini immergendoli brevemente in acqua tiepida per allentare i ghiaccioli.
g) Servi subito i ghiaccioli con la pastella per torte e goditi la loro consistenza cremosa e il delizioso sapore di torta.

72.Zuccotto della Foresta Nera

INGREDIENTI:
- 1 tazza di panna da montare
- 1-2 cucchiai di zucchero
- 1 lattina da 12-14 once di ripieno di torta di ciliegie
- 3 cucchiai di cioccolato fondente grattugiato
- Torta al cioccolato cotta da 1 pollice e nove

ISTRUZIONI

a) Taglia la torta a metà e premila in una ciotola da 8 pollici che hai spruzzato con spray da cucina e poi rivestita con pellicola trasparente che sporge dai bordi.

b) Con la pellicola all'interno, premi la torta verso l'interno e verso l'ALTO i lati della ciotola il più possibile per formare la cupola superiore.

c) Metti nel barattolo di ciliegie.

d) Prendi la tazza di panna e sbattila fino a ottenere una panna montata. Aggiungete lo zucchero a vostro gusto, io preferisco la panna meno dolce perché il ripieno della torta è molto dolce.

e) Mettete la panna montata nella torta, sopra le ciliegie.

f) Cospargere le scaglie di cioccolato fondente sulla panna montata.

g) Posizionare il fondo della torta e tagliare via la parte eccedente fino a quando non si adatta. Premilo con forza, ma non così forte da far uscire tutto in una parte! Quindi, se hai rimasto la pellicola trasparente, rimuovila semplicemente dai lati della ciotola e coprila

h) Refrigerare durante la notte. Capovolgilo su un piatto e dovrebbe uscire benissimo con la pellicola trasparente.

i) Rimuovi l'involucro di plastica e divertiti!

73. Striscette di albicocche al cocco

INGREDIENTI:
- ½ tazza di grasso, metà burro
- ½ tazza di zucchero a velo
- 2 Tuorli d'uovo
- 1 tazza di farina
- ½ tazza di confettura densa di albicocche
- ½ tazza di conserva densa di ananas
- Meringa al cocco

ISTRUZIONI:

a) Scaldare il forno a 350. Mescolare accuratamente grasso, zucchero e tuorli.

b) Mescolare la farina nella miscela di zucchero. Premere e appiattire per coprire il fondo della padella oblunga non unta.

c) Cuocere per 10 minuti. Togliere dal forno e spalmare la confettura, quindi con la meringa.

d) Rimettere in forno e cuocere per circa 20 minuti fino a quando la meringa sarà dorata.

e) Raffreddare leggermente e tagliare in piccole barrette.

74. Boule-de-Neige della Foresta Nera

INGREDIENTI:
TORTA
- Olio vegetale spray antiaderente
- ⅓ tazza di confettura di ciliegie
- 2 cucchiai di kirsch
- 1 tazza e ½ di ciliegie secche
- 1 libbra di cioccolato agrodolce, tritato
- 1 tazza (2 bastoncini) di burro non salato
- 1 tazza e ¼ di zucchero
- 1 cucchiaino di estratto di vaniglia
- 6 uova grandi
- ⅓ tazza di farina per tutti gli usi

PANNA MONTATA AL KIRSCH
- 2 tazze di panna montata fredda
- ¼ tazza di zucchero a velo
- 4 cucchiaini di kirsch (brandy trasparente alla ciliegia)
- ¼ di cucchiaino di estratto di mandorle
- 16 petali di viola candita

ISTRUZIONI
PER LA TORTA:

a) Posizionare la griglia nel terzo più basso del forno e preriscaldare a 180°C. Foderare una ciotola di metallo da 10 tazze con un foglio di alluminio, estendentesi di 3 pollici sui lati. Spruzzare la pellicola con spray antiaderente. Mescolare le conserve con il kirsch in una padella media a fuoco medio finché le conserve non si sciolgono.

b) Aggiungi le ciliegie secche; portare ad ebollizione. Copertina; togliere dal fuoco. Lasciate raffreddare.

c) Sciogliere il cioccolato con il burro in una pentola capiente e pesante a fuoco medio-basso, mescolando fino a ottenere un composto omogeneo. Togliere dal fuoco.

d) Sbattere lo zucchero e la vaniglia, quindi sbattere le uova 1 alla volta. Mescolare la farina, quindi il composto di ciliegie. Trasferire l'impasto nella ciotola preparata.

e) Cuocere la torta in una ciotola per 30 minuti. Ripiegare la pellicola sporgente sui bordi della torta per evitare che si dori troppo.

f) Continuare a cuocere la torta finché la parte superiore non sarà spaccata e asciutta e il tester inserito al centro esce con un po' di pastella umida attaccata, circa 55 minuti in più. Raffreddare completamente la torta in una ciotola sulla griglia (la torta potrebbe cadere al centro).

g) Premere con forza il bordo della torta per livellarlo con il centro della torta. Coprire e lasciare riposare a temperatura ambiente per una notte.

PER LA PANNA MONTATA AL KIRSCH:
h) Usando un mixer elettrico, sbatti la panna, lo zucchero a velo, il kirsch e l'estratto di mandorle in una ciotola capiente fino a quando la crema non raggiunge i picchi.

i) Capovolgere la torta su un piatto da portata. Staccare la pellicola. Versare la panna montata in una sac a poche dotata di bocchetta a stella media. Versare le stelle di panna montata sulla torta, coprendola completamente. Pipa altre stelle sopra la parte centrale piatta superiore della torta per formare una cupola.

j) Decorare con viole candite.

75. Bar della Foresta Nera

INGREDIENTI:
- 16 once di amarene; senza nocciolo
- 8 once di miscela per torta al cioccolato senza zucchero;
- 2 cucchiai IN SOSTITUZIONE DI ZUCCHERO;

ISTRUZIONI:
- Scolate molto bene le ciliegie. Unisci il composto per torta, le ciliegie e il sostituto dello zucchero in una ciotola.
- Mescolare per amalgamare completamente.
- Distribuire la pastella in una padella da 9 pollici ben unta.
- Cuocere in forno a 375 gradi per 20-25 minuti.
- Tagliare in 1 X 1½ barrette.

76. Bignè alla crema della Foresta Nera

INGREDIENTI:
- ½ tazza di latte
- ½ tazza d'acqua
- ½ tazza di burro
- 1 tazza di farina per tutti gli usi
- 5 uova
- 5 tazze di ciliegie rosse congelate, non zuccherate, snocciolate, scongelate
- Acqua
- 1 tazza di zucchero
- ¼ di tazza di amido di mais
- ¼ tazza di kirsch (liquore all'amarena) o succo d'arancia
- 3 gocce di colorante alimentare rosso
- 1 cucchiaio di vaniglia
- 2 once di cioccolato semidolce, sciolto e raffreddato
- 1 tazza di panna da montare, montata

ISTRUZIONI:

a) Per i bignè, in una casseruola media, unire latte, acqua e burro. Portare ad ebollizione. Aggiungete la farina 00 tutta in una volta, mescolando energicamente. Cuocere e mescolare fino a quando il composto forma una palla che non si separa. Togliere la pentola dal fuoco. Raffreddare il composto di bignè per 5 minuti. Aggiungete le uova, una alla volta, sbattendo con un cucchiaio di legno dopo ogni aggiunta fino ad ottenere un composto omogeneo.

b) Versare l'impasto ammucchiando i cucchiai su una teglia unta per un totale di 12 bignè.

c) Cuocere in forno a 400 gradi F per circa 30 minuti o fino a doratura. Raffreddare i bignè su una gratella. Dividere i bignè ed eliminare l'eventuale impasto morbido dall'interno.

d) Nel frattempo, per il ripieno di ciliegie, mettere le ciliegie scongelate in un colino sopra un misurino da 2 tazze; scolare le ciliegie, conservando il succo di ciliegia. Aggiungi abbastanza acqua al succo di ciliegia riservato per preparare 2 tazze di liquido; mettere da parte le ciliegie.

e) In una pentola capiente, mescolare insieme lo zucchero e l'amido di mais. Incorporare la miscela di succo di ciliegia, kirsch e colorante alimentare rosso. Cuocere e mescolare a fuoco medio finché non si addensa e diventa frizzante. Cuocere e mescolare per altri 2 minuti. Togliere dal fuoco; aggiungere la vaniglia e le ciliegie. Coprire e conservare in frigorifero per circa 2 ore o fino a completo raffreddamento.

f) Per assemblare, versare il ripieno di ciliegie all'interno dei bignè. Cospargere i bignè con il cioccolato fuso. Servire con panna montata.

77.Tartellette al pompelmo e formaggio di capra

INGREDIENTI:
- 1 confezione di mini gusci di tartellette
- 4 once di formaggio di capra
- 1 pompelmo, segmentato
- 2 cucchiai di miele
- 1 cucchiaio di timo fresco tritato

ISTRUZIONI

a) Preriscaldare il forno a 175°C (350°F).
b) Disporre i mini gusci delle tortine su una teglia.
c) Riempire ogni guscio di tortina con un cucchiaino di formaggio caprino.
d) Ricoprire ciascuna tortina con uno spicchio di pompelmo.
e) Cospargere il miele sopra ogni tortino.
f) Cospargere con timo fresco.
g) Cuocere per 5-7 minuti o fino a quando il formaggio di capra sarà leggermente sciolto.
h) Servire immediatamente.

78.Brûlée al pompelmo

INGREDIENTI:
- 2 pompelmi
- 4 cucchiai di zucchero semolato
- Un pizzico di sale

ISTRUZIONI

a) Preriscalda la griglia nel forno.

b) Tagliare i pompelmi a metà e utilizzare un coltello affilato per staccare la polpa dalla buccia.

c) Cospargere un pizzico di sale sopra ciascuna metà di pompelmo.

d) Cospargere un cucchiaio di zucchero semolato sopra ciascuna metà di pompelmo, distribuendolo uniformemente.

e) Disporre le metà del pompelmo su una teglia e metterle sotto la griglia per circa 5-7 minuti, finché lo zucchero in superficie non si sarà caramellato e sarà diventato dorato.

f) Togliete le metà dei pompelmi dal forno e lasciatele raffreddare per qualche minuto prima di servire.

79. Mochi al mango

INGREDIENTI:
- ½ tazza di riso appiccicoso
- 1 tazza d'acqua
- ½ tazza di latte
- 3 cucchiai di zucchero
- 3 cucchiai di farina di mais
- 3 cucchiai di zucchero a velo
- 1 mango maturo

ISTRUZIONI:
a) Lessare il riso, aggiungere acqua, latte e zucchero
b) Quando fatto. Tenetelo da parte a temperatura ambiente, frullatelo e prendete un piatto di maizena spalmata.
c) Mettici sopra il riso appiccicoso e mescolalo
d) Ora formate una palla aiutandovi con la pellicola trasparente. Metti la fetta di mango al centro del mochi e arrotolala, ora arrotolala sullo zucchero a velo.

80. Biscotti a palle di neve senza cottura

INGREDIENTI:
- 4 tazze di cocco grattugiato non zuccherato
- ¼ di tazza di dolcificante granulato a scelta Ho usato il dolcificante alla frutta del monaco
- ½ tazza di latte di cocco È possibile utilizzare latte di mandorle o un altro latte a scelta
- ¼ di cucchiaino di estratto di mandorla o vaniglia opzionale

ISTRUZIONI:
a) In un frullatore ad alta velocità o in un robot da cucina, aggiungi il cocco non zuccherato e frulla per 1-2 minuti, fino ad ottenere una consistenza fine. Non frullare troppo altrimenti rimarrai con burro di cocco.
b) Aggiungi il dolcificante granulato e il latte di cocco e frulla fino a ottenere una pastella densa e appiccicosa. Se l'impasto dovesse risultare troppo friabile aggiungete un po' di latte extra a vostra scelta.
c) Trasferire in una grande ciotola. Bagnatevi leggermente le mani e formate delle piccole palline di impasto. Disporre su una teglia o un piatto foderato. Premi ogni pallina a forma di biscotto. Cospargere con cocco extra o dolcificante granulato e conservare in frigorifero finché non si rassodano leggermente.
d) dovrebbe fare il trucco. Infine, aggiungi manualmente il cocco rimanente.
e) Spruzzare una grande teglia con spray antiaderente, quindi utilizzare un porzionatore per gelato per versare l'impasto dei biscotti sulla teglia. Cuocere i biscotti per 9-11 minuti o finché i bordi non saranno ben formati. Sfornare e attendere 2-3 minuti prima di trasferire i biscotti su una griglia a raffreddare.
f) Godere!

81. Budino Al Cocco Fatto In Casa

INGREDIENTI:
- 2 tazze di latte
- ½ tazza + 3 cucchiai di zucchero
- 3 cucchiai di amido di mais
- ¼ cucchiaino di sale
- 1 uovo
- 1 tuorlo d'uovo
- 2 cucchiai di burro
- 1 cucchiaino di estratto di vaniglia
- 1 cucchiaino di estratto di cocco
- ½-¾ tazza di cocco zuccherato grattugiato
- Guarnizione montata facoltativa
- Cocco tostato opzionale

ISTRUZIONI:
a) In una pentola capiente aggiungi il latte, lo zucchero, l'amido di mais, il sale, l'uovo e il tuorlo.
b) Sbattere continuamente a fuoco medio-alto fino a quando il composto diventa denso e pieno di bolle.
c) Togliere dal fuoco e frullare con burro, estratto di cocco ed estratto di vaniglia finché il burro non si scioglie.
d) Metti il Saran Wrap sopra il budino e mettilo in frigorifero finché non si raffredda.
e) Servire con cocco tostato e copertura montata.

82.Creamsicles con panna montata alla pesca

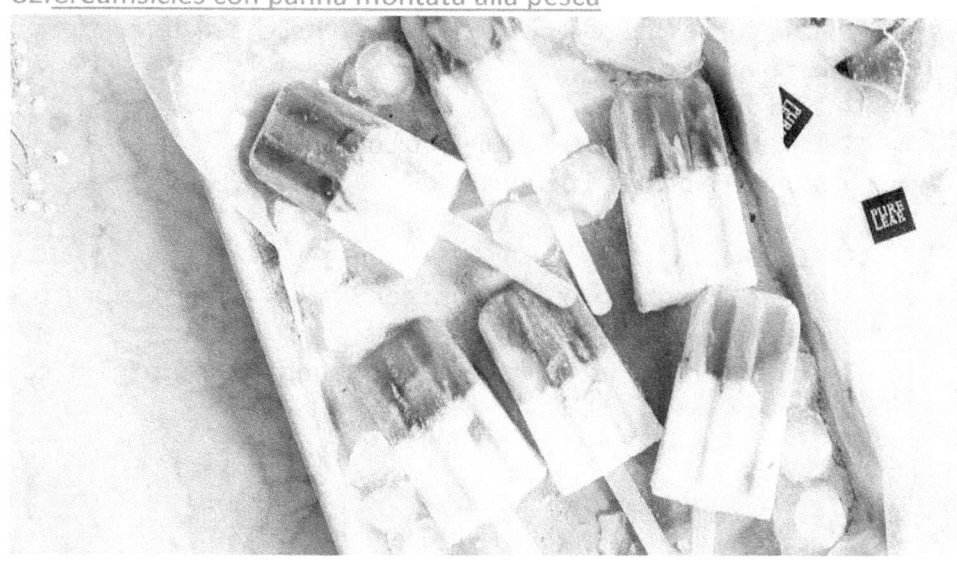

INGREDIENTI:
- 1 lattina di pesche sciroppate o 2 pesche fresche mature, affettate e snocciolate
- 1 tazza di panna
- 1 cucchiaino di zucchero o miele (facoltativo)
- bastoncini e bicchieri per ghiaccioli

ISTRUZIONI:
a) Montare la panna in un frullatore per 30-45 secondi. Aggiungi pesche e miele.
b) Frullare fino a che liscio. Versare negli stampini, inserire gli stecchi e congelare.

83. Tartellette al cocco con marmellata di lamponi

INGREDIENTI:
- 2 uova
- ½ tazza di zucchero
- ¼ di tazza di burro fuso
- 1 cucchiaino di estratto di vaniglia
- 1 tazza e ¼ di cocco grattugiato e non zuccherato
- marmellata di lamponi
- 24 gusci di tortine non cotti

ISTRUZIONI:
a) Preriscaldare il forno a 375F.
b) Sbattere le uova. Quindi aggiungere lo zucchero, il burro fuso, la vaniglia e il cocco.
c) Disporre i gusci delle tortine non cotti negli stampini su una teglia.
d) Mettete un po' di marmellata di lamponi sul fondo di ogni conchiglia.
e) Riempire per circa ¾ con il ripieno al cocco.
f) Cuocere per circa 20-25 minuti fino a quando la parte superiore sarà leggermente dorata. Quando sarà freddo, toglietelo dagli stampini.

84. Torta di amaretti al cocco

INGREDIENTI:
- 1 foglio di crosta di torta refrigerata
- 2 uova grandi
- Lattina da 14 once di latte condensato zuccherato
- ¼ di tazza di burro, fuso
- 1 cucchiaino di estratto di mandorle
- ¼ cucchiaino di sale
- ¼ di tazza di farina per tutti gli usi
- Confezione da 14 once di cocco grattugiato zuccherato

ISTRUZIONI:
a) Preriscaldare il forno a 350 °. Srotolare la crosta in un 9 pollici. piatto per torta, bordo flute. Refrigerare.

b) In una ciotola capiente, sbattere le uova, il latte, il burro fuso, l'estratto e il sale fino ad ottenere un composto omogeneo. Mescolare la farina. Prenota ½ tazza di cocco e mescola il cocco rimanente nel composto di uova. Trasferire sulla crosta di torta. Cospargere con cocco riservato.

c) Cuocere su una griglia da forno inferiore fino a quando non sarà dorato e il ripieno sarà pronto, 35-45 minuti. Raffreddare su una gratella. Refrigerare gli avanzi.

85. Mini crostate al cocco con cioccolato

INGREDIENTI:
- Lattina da 14 once di latte condensato zuccherato
- 2 cucchiai di liquore alla nocciola o acqua
- 2 cucchiai di acqua
- 1 confezione di cioccolato istantaneo

PREPARATO PER BUDINO
- Confezione da 13¾ once di amaretti morbidi
- 1 tazza di noci pecan tritate finemente
- 2 cucchiai di cacao in polvere non zuccherato
- ⅔ tazza di panna da montare

CROSTE DI COCCO
- Cocco tostato, facoltativo
- Panna montata, facoltativa
- ⅓ tazza Burro o margarina, sciolto

ISTRUZIONI:
a) Unisci latte condensato zuccherato, liquore o acqua e acqua.

b) Aggiungere il composto per budino e il cacao in polvere. Sbattere fino a che liscio.

c) Coprire e raffreddare per 5 minuti.

d) Sbattere ⅔ tazza di panna da montare a neve morbida e incorporarla al composto di cioccolato.

e) Montare in croste di cocco. Raffreddare per 2-24 ore.

f) Se lo si desidera, guarnire con altra panna montata e cocco tostato.

CROSTE DI COCCO:
g) Mescolare amaretti, noci pecan e burro.

h) Premi 1 cucchiaio di composto sul fondo e sui lati superiori di 36 pirottini per muffin da 1¾" ben unti.

i) Cuocere in forno a 375 gradi per 8-10 minuti o fino a quando i bordi saranno dorati. Raffreddare sulla griglia.

j) Allentare e rimuovere dalle tazze.

86. Gioie del cocco

INGREDIENTI:
- ½ tazza di burro di cocco
- 2 tazze di zucchero a velo setacciato
- 3 tazze di cocco in scaglie
- ⅓ tazza di gocce di cioccolato semidolce

ISTRUZIONI:

a) Sciogli ilinfuso di cannabisburro in una casseruola a fuoco basso e togliere dal fuoco.

b) Mescolare lo zucchero a velo e il cocco e formare delle palline da ¾ di pollice. Raffreddare fino a quando non diventa solido.

c) Metti le gocce di cioccolato in un piccolo sacchetto di plastica resistente, con chiusura a cerniera, e sigilla.

d) Immergere in acqua calda finché il cioccolato non si scioglie.

e) Pratica un piccolo foro in un angolo del sacchetto e versa il cioccolato sulle palline di cocco.

f) Lasciare riposare le caramelle finché non si solidificano e conservare in frigorifero.

87. Amaretti gommosi al cocco

INGREDIENTI:
- 1½ tazza di cocco, in scaglie
- ⅓ tazza di zucchero
- ⅛ cucchiaino di sale
- 2 cucchiai di farina
- 2 albumi d'uovo
- ½ cucchiaino di estratto di mandorle

ISTRUZIONI:
a) Unisci cocco, zucchero, sale e farina. Incorporate gli albumi e l'estratto di mandorle e mescolate bene.
b) Gocciolare con un cucchiaino su teglie leggermente unte.
c) Cuocere in forno a 325 F per 20 minuti o fino a doratura attorno ai bordi.
d) Rimuovere immediatamente dalle teglie.

88. Uova di Pasqua al cocco con formaggio

INGREDIENTI:
- Confezione da 3 once di crema di formaggio ammorbidita
- ½ cucchiaino di vaniglia
- 1 libbra di zucchero a velo
- ¼ tazza di cocco in scaglie
- trattino Sale
- 1 libbra di rivestimento composto al gusto di cioccolato o pastello, fuso

ISTRUZIONI:
a) Unisci la crema di formaggio e la vaniglia in una ciotola.
b) Aggiungere gradualmente lo zucchero a velo, il cocco e il sale.
c) Mescolare fino ad ottenere una consistenza facilmente maneggiabile, aggiungendo altro zucchero a velo se necessario.
d) Forma le caramelle in uova e lascia riposare per circa 1 ora.
e) Immergere nel rivestimento composto e lasciare riposare finché non diventa solido.

89. Bellezze di cocco

INGREDIENTI:
- ½ tazza di grasso, parte di burro
- 1 tazza di zucchero di canna
- 1 uovo
- ½ cucchiaino di vaniglia
- ¼ cucchiaino di estratto di limone
- 2 cucchiai di latte
- 1 tazza di farina
- ½ cucchiaino di sale
- 2 cucchiaini di lievito in polvere
- ⅓ tazza di cocco grattugiato
- 2 cucchiai di canditi tritati finemente
- Buccia d'arancia

ISTRUZIONI:

a) Scaldare il forno a 325. Mescolare grasso, zucchero, uova, vaniglia, estratto e latte.

b) Mescolare la farina, il sale e la polvere.

c) Unire il cocco e la buccia.

d) Stendere in una teglia quadrata leggermente unta.

e) Cuocere per 30-35 minuti.

f) Mentre è caldo, tagliarlo a barrette.

90. Ghiaccioli fondenti congelati

INGREDIENTI:
- 1 confezione di cioccolato fondente (3 3/4 once).
- Ripieno di budino e torta.
- 2 cucchiai di zucchero
- 3 tazze di latte

ISTRUZIONI:

a) Unisci il composto per budino, lo zucchero e il latte in una casseruola. Cuocere a fuoco medio, mescolando continuamente, finché il composto non raggiunge il bollore completo. Togliere dal fuoco e raffreddare 5 minuti. mescolando due volte. Mettete in freezer per circa 30 minuti a raffreddare e ad addensare.

b) Versare il composto nei 10 bicchieri di carta da tre once e inserire un bastoncino di legno per ghiaccioli o un cucchiaio di plastica in ogni tazza. Copri ogni tazza con un foglio di alluminio dopo aver tagliato un piccolo foro abbastanza grande da infilare il manico del bastoncino o del cucchiaio.

c) La pellicola aiuta a posizionare i bastoncini in posizione verticale e impedisce ai ghiaccioli di disidratarsi. Congelare fino a quando non diventa solido. Tagliare i pirottini di carta prima di servire

91. Brownies al cocco

INGREDIENTI:
- ½ tazza di burro
- 2 tazze di zucchero
- 4 uova
- 3 cucchiaini di vaniglia
- 1 tazza e ½ di farina setacciata
- ½ tazza di cacao amaro
- ½ cucchiaino di sale
- 1 tazza di cocco in scaglie
- ½ tazza di gocce di cioccolato
- 2 cucchiai di zucchero
- ½ tazza di noci, tritate

ISTRUZIONI:
a) Sciogliere il burro a fuoco basso, quindi rimuoverlo. Aggiungi 2 tazze di zucchero. Colpo.
b) Aggiungere le uova e la vaniglia. Miscela.
c) Aggiungere la farina, il cacao e il sale. Mescolare. Mescolare il cocco.
d) Versare in una padella unta da 13 x 9 pollici. Cospargere sopra gli ingredienti rimanenti.
e) Cuocere a 350F per 30 minuti. Raffreddare in padella e tagliare a barrette.

92. Caramelle al cocco

INGREDIENTI:
- 3 tazze di zucchero di canna
- 1 tazza di latte
- 1 cucchiaino di burro
- 1 tazza di cocco

ISTRUZIONI:

a) Sciogliere 1 tazza di zucchero di canna. Aggiungere il latte, lo zucchero di canna rimanente e il burro.

b) Bollire al softball. Aggiungi il cocco. Sbattere e far cadere da un cucchiaino su carta oleata. Freddo.

93.Ghiaccioli al mirtillo rosso arancione

INGREDIENTI:
- 1 lattina di succo d'arancia concentrato congelato, ammorbidito
- 1 (6 once) può irrigare
- 1 litro di gelato alla vaniglia, ammorbidito, o 2 contenitori di
- Yogurt bianco
- bastoncino del ghiacciolo
- Tazze

ISTRUZIONI:
a) Frullare in un frullatore.
b) Versare negli stampini, inserire gli stecchi e congelare.

94.Ghiaccioli Matcha

INGREDIENTI:
- 2 tazze di crema di cocco non zuccherata, refrigerata
- 2 cucchiai di olio di cocco
- 1 cucchiaino di matcha
- 1/4 tazza di eritritolo o Swerve granulare

ISTRUZIONI:

a) Metti tutti gli ingredienti in un frullatore e frulla fino a quando non saranno completamente amalgamati, circa 30 secondi.

b) Versare il composto in 8 stampini per ghiaccioli, picchiettando gli stampini per rimuovere le bolle d'aria.

c) Congelare almeno 8 ore o durante la notte.

d) Rimuovere i ghiaccioli dagli stampini. Se i ghiaccioli sono difficili da rimuovere, metti brevemente gli stampini sotto l'acqua calda e i ghiaccioli si staccheranno.

95. Charlotte al cocco

INGREDIENTI:
- 2 tazze di latte
- 1 tazza di zucchero
- ½ cucchiaino di estratto puro di vaniglia
- 5 tuorli d'uovo
- ¼ di tazza di amido di mais
- ¼ di tazza d'acqua
- 1 tazza di cocco in scaglie zuccherato
- 1 cucchiaio di burro
- 1 cucchiaio e mezzo di gelatina
- 4 cucchiai di acqua
- 1 ricetta pan di spagna
- 2 tazze di marmellata di fragole, calda
- ½ tazza di panna montata
- 1 tazza e ½ di panna montata zuccherata

ISTRUZIONI:
a) In una casseruola antiaderente, a fuoco medio, unire il latte, lo zucchero e la vaniglia. Sbattere per sciogliere lo zucchero. Quando la miscela raggiunge un leggero bollore, prendi 1 tazza della miscela di latte e zucchero e aggiungila ai tuorli. Sbattere per amalgamare bene. Temperare il composto di uova nel composto di latte.
b) Cuocere a fuoco medio finché non si addensa leggermente, 4-5 minuti, mescolando di tanto in tanto. Sciogliere l'amido di mais nell'acqua.
c) A fuoco medio, aggiungi lentamente questa miscela nella casseruola, sbattendo costantemente per 1 minuto. Utilizzando un cucchiaio di legno, continuare a mescolare per circa 2 minuti.
d) Aggiungere il cocco e continuare a mescolare per altri 2 minuti.
e) Aggiungere il burro e mescolare fino a quando non sarà completamente sciolto e il composto si sarà addensato fino a diventare una crema pasticcera, circa 2 minuti. Ammorbidire la gelatina nell'acqua e incorporarla alla crema pasticcera calda.

f) Versare il composto in una ciotola di vetro. Coprite con pellicola trasparente, facendo aderire la pellicola sulla superficie della crema pasticcera per evitare che si formi la pellicina. Raffreddare completamente, mescolando di tanto in tanto, e conservare in frigorifero per almeno 4 ore.

g) Staccare con attenzione il Pan di Spagna dalla carta. Metti la torta su un nuovo pezzo di carta da forno. Arrotolare e srotolare la torta più volte. Aiutandovi con una spatola, distribuite la marmellata, in modo uniforme, sul pan di spagna.

h) Aiutandoti con la carta sottostante, arrotola delicatamente la torta. Conservare in frigorifero fino al set, circa 1 ora. Togliere dal frigorifero e tagliare a fette rotonde di ¼ di pollice. Imburrare un anello d'acciaio poco profondo da 9 pollici e una teglia. Rivestire entrambi i lati e il fondo dell'anello con le fette di torta, compattandole bene senza sovrapporle. Incorporate la panna montata al composto di cocco.

i) Versare il composto di cocco nello stampo. Coprire con pellicola trasparente e conservare in frigorifero fino al set, circa 3 ore. Togliere dal frigorifero e capovolgere su un piatto da portata in vetro. Tagliare lo stampo in porzioni individuali e guarnire con panna montata zuccherata e menta.

96. Fudge della Foresta Nera

INGREDIENTI

- 3 tazze di zucchero semolato
- ¾ tazza 1 ½ panetto di burro non salato, tagliato a dadini
- 1 lattina da 5 once di latte evaporato
- 2 tazze di gocce di cioccolato fondente
- 1 barattolo da 7 once di lanugine di marshmallow
- 1 cucchiaino di estratto di vaniglia
- pizzico di sale
- ½ tazza di ciliegie secche
- ¾ di tazza di copertura montata congelata scongelata
- ½ tazza di ciliegie al maraschino dimezzate
- 2 cucchiai di cioccolato agrodolce tritato grossolanamente

ISTRUZIONI

a) Foderare una teglia quadrata da 9 pollici con un foglio di alluminio e ungerla leggermente con spray da cucina. Accantonare.

b) In una casseruola media, unire lo zucchero, il burro e il latte evaporato. Mettere a fuoco medio-alto e cuocere fino all'ebollizione, mescolando spesso, per circa 5 minuti.

c) Togliere dal fuoco e aggiungere le gocce di cioccolato, la lanugine di marshmallow, l'estratto di vaniglia e il sale fino a quando non saranno sciolti e completamente omogenei. Unire le ciliegie secche, versarle nella padella preparata e distribuirle uniformemente. Lasciare raffreddare leggermente e poi coprire con pellicola trasparente. Raffreddare in frigorifero finché non diventa sodo, circa 1 ora. Ricoprite la superficie con la panna montata e poi giratela con un cucchiaio. Coprire con le ciliegie tagliate a metà e cospargere con il cioccolato.

d) Raffreddare ancora una volta per almeno 2 ore o fino a quando non sarà completamente solido. Tagliare e servire. Gli avanzi possono essere conservati in frigorifero, avvolti nella plastica, per un massimo di 4 giorni.

97. Nuvole di cocco

INGREDIENTI:
- 2⅔ tazza di cocco in scaglie, diviso
- 1 confezione di preparato per torta gialla
- 1 uovo
- ½ tazza di olio vegetale
- ¼ tazza di acqua
- 1 cucchiaino di estratto di mandorla

ISTRUZIONI:
a) Preriscalda il forno a 350. Metti da parte 1⅓ tazza di cocco.
b) Unisci il composto per torta, l'uovo, l'olio, l'acqua e l'estratto di mandorle in una ciotola capiente.
c) Sbattere a bassa velocità con un mixer elettrico. Incorporare le restanti 1 ⅓ tazze di cocco riservato. Metti un cucchiaino abbondante di impasto nel cocco messo da parte e arrotolalo per coprirlo leggermente. Posizionare su una teglia non unta.
d) Ripetere l'operazione con l'impasto rimanente, posizionando le palline a 2 pollici di distanza. Cuocere in forno per 10-12 minuti o fino a doratura chiara. Raffreddare per 1 minuto su teglie.
e) Rimuovere su griglie di raffreddamento. Completamente. Conservare in un contenitore ermetico.

98.Torte Whoopie al tiramisù

INGREDIENTI:
BISCOTTI:
- 2 tazze di farina di mandorle
- 3 cucchiai di proteine del siero di latte non aromatizzate
- ½ tazza di dolcificante granulare al frutto del monaco
- 2 cucchiaini di lievito in polvere
- ½ cucchiaino di bicarbonato di sodio
- ½ cucchiaino di sale
- ½ tazza di burro tagliato a cubetti
- ½ tazza di sostituto dello zucchero a basso contenuto di carboidrati o ½ tazza del tuo dolcificante preferito a basso contenuto di carboidrati
- 2 uova grandi
- 1 cucchiaino di estratto di vaniglia
- ½ tazza di panna acida intera
- cacao in polvere per spolverare

RIEMPIMENTO:
- ¼ tazza di caffè espresso freddo o caffè forte
- 1 cucchiaio di rum scuro facoltativo o aggiunto al liquore che preferisci
- Mascarpone da 8 once
- 2 cucchiai di sostituto dello zucchero a basso contenuto di carboidrati
- pizzico di sale
- ½ tazza di panna
- 2 cucchiaini di estratto di vaniglia
- 2 cucchiaini di rum scuro facoltativo o sott'olio con il liquore che preferisci

ISTRUZIONI:

a) Preriscaldare il forno a 350 ° F. Spruzzare la tortiera Whoopie con spray antiaderente.

b) Mescolare la farina di mandorle, le proteine in polvere, il dolcificante con zucchero di canna, il lievito, il bicarbonato di sodio e il sale in una ciotola. Accantonare.

c) Sbattere il burro e lo zucchero con un mixer a velocità medio-alta, fino a ottenere una crema; circa 2 minuti. Aggiungi le uova e 1 cucchiaino di vaniglia, sbattendo fino a incorporarle. Raschiare i lati della ciotola. Aggiungere la panna acida, quindi asciugare il composto.

d) Usando un cucchiaino piccolo, versa l'impasto in ogni stampo per whoopie pie, riempiendo circa ⅔ dello spazio. Mettete un po' di cacao in polvere in un colino e cospargete un po' di cacao in polvere sopra ogni pallina di impasto.

e) Cuocere fino a quando i bordi saranno dorati, circa 10-12 minuti.

f) Fate raffreddare su una gratella per circa 10 minuti poi togliete i biscotti dallo stampo e lasciateli raffreddare.

g) Una volta freddi, capovolgere i biscotti sulla griglia.

h) Mescola l'espresso e 3 cucchiai di rum scuro in una piccola ciotola. Distribuire circa ¼ di cucchiaino di liquido dell'espresso sul lato inferiore di ciascun biscotto.

i) Sbattere il mascarpone, il sostituto dello zucchero a basso contenuto di carboidrati, il sale, la vaniglia in panna e 1 cucchiaio di rum scuro con un mixer fino a ottenere un composto omogeneo. Versare un po' del composto di mascarpone sulla metà dei biscotti al cioccolato. Mettete sopra l'altra metà dei biscotti.

j) Servire immediatamente o riporre in frigorifero.

99.Muffin Oreo

INGREDIENTI:
- 1¾ tazza di farina per tutti gli usi
- ½ tazza di zucchero
- 1 cucchiaio di lievito in polvere
- ½ cucchiaino di sale
- ¾ tazza di latte
- ⅓ tazza di panna acida
- 1 uovo
- ¼ di tazza di margarina, sciolta
- 20 biscotti Oreo sandwich al cioccolato, tagliati grossolanamente

ISTRUZIONI:
a) In una ciotola media, unire la farina, lo zucchero, il lievito e il sale e mettere da parte.
b) In una piccola ciotola, unisci il latte, la panna acida e l'uovo e aggiungi il composto di farina e margarina fino a ottenere un composto omogeneo.
c) Incorporate delicatamente i biscotti.
d) Versare l'impasto in 12 stampini per muffin da 2½ pollici unti.
e) Cuocere in forno a 400F per 20-25 minuti.
f) Togliere dalla padella e far raffreddare su una gratella. Servire caldo o freddo.

100. Oreo Waffle Pop

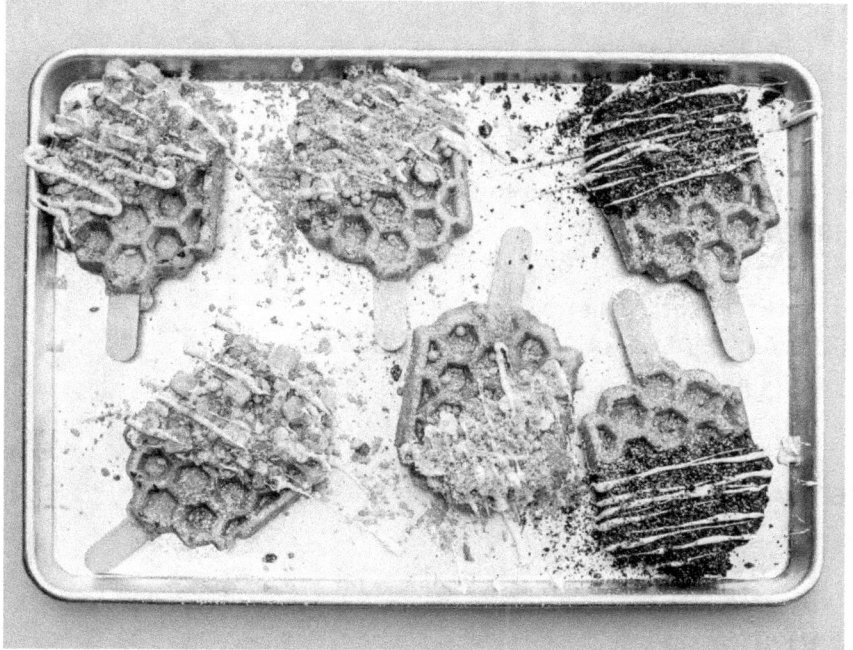

INGREDIENTI:
- 2 tazze di Bisquick
- 1 ⅓ tazze di latte
- 2 cucchiai di olio vegetale
- 1 uovo
- Spray da cucina, per piastra per waffle
- bastoncino del ghiacciolo

PER CIALDE DI CONFETTI
- cioccolato bianco fuso
- spruzzi di arcobaleno

PER WAFFLE ALLA BANANA E CIOCCOLATO
- mini gocce di cioccolato
- Banane a fette
- burro di arachidi fuso

PER I WAFFLES COOKIES N' CREAM
- cioccolato fuso
- Oreo schiacciati

ISTRUZIONI:

a) Preriscaldare la piastra per waffle. In una grande ciotola, sbatti insieme Bisquick, latte, olio e uovo.

b) Ungere la piastra per waffle con spray da cucina. Versare l'impasto nella macchina per waffle e posizionare immediatamente sopra i bastoncini di ghiacciolo. Ricopri i bastoncini dei ghiaccioli con altra pastella. Coprire e cuocere fino a quando i waffle saranno dorati. Togliere con attenzione dalla macchina per waffle con una forchetta.

c) Per preparare i waffle con coriandoli: irrorare i waffle con cioccolato bianco fuso e guarnire con granelli.

d) Per preparare i waffle al cioccolato e banana: condire i waffle con burro di arachidi fuso e guarnire con mini gocce di cioccolato e fettine di banana.

e) Per preparare i waffle con biscotti e crema: condire i waffle con cioccolato fuso e cospargere con Oreo tritati.

CONCLUSIONE

Giunti alla fine di questo viaggio ricco di festeggiamenti, speriamo che "Dolci celebrazioni: dolcetti per le feste e dessert festivi" ti abbia ispirato ad abbracciare l'arte di creare dessert irresistibili per le occasioni speciali. La magia delle celebrazioni non risiede solo nella gioia di stare insieme, ma anche nell'esperienza condivisa di concedersi deliziose prelibatezze.

Con le ricette e le tecniche condivise in questo libro di cucina, possano le tue feste e i tuoi incontri raggiungere nuovi livelli di dolcezza e gioia. Che tu stia impressionando i tuoi ospiti con una torta imponente, deliziando i bambini con cupcakes stravaganti o creando un assortimento di prelibatezze per un buffet di dessert, che le tue creazioni portino sorrisi, risate e puro divertimento.

Ricorda, ogni occasione è un'opportunità per celebrare e assaporare i momenti preziosi della vita. Mentre ti imbarchi nelle tue dolci celebrazioni, lascia che "Sweet Celebrations" sia il tuo compagno fidato, fornendoti deliziose ricette, consigli utili e un senso di ispirazione. Abbraccia la gioia di creare dessert memorabili e lascia che le tue creazioni culinarie diventino il fulcro delle tue celebrazioni.

Quindi, raccogli i tuoi ingredienti, libera la tua creatività e lascia che la dolcezza della vita infonda i tuoi incontri. Buona cottura e che i tuoi dolcetti e i tuoi dessert festivi portino felicità e creino ricordi duraturi per tutti coloro con cui li condividi. Saluti alle dolci celebrazioni!

www.ingramcontent.com/pod-product-compliance
Lightning Source LLC
LaVergne TN
LVHW021709060526
838200LV00050B/2567